中国骄傲

主编 柳建伟

中国时刻——奇迹突破

北京时代华文书局

《中国骄傲》系列图书编委会

主　　编：柳建伟
编　　委：王晓笛　李西岳　杨海蒂　宋启发
　　　　　张洪波　张　埜　陈怀国　董振伟
特邀顾问：丁　宁　邓琳琳　许海峰　郑姝音
　　　　　赵　帅　徐梦桃　傅海峰　魏秋月
特邀专家：王　姗　王　海　江斌波　安　静　李尚伟
　　　　　李　震　何晓文　庞　毅　崔　莉　魏旭波

（按姓氏笔画排序）

写在前面

《中国骄傲》，如何诞生？

1984年洛杉矶夏季奥运会，许海峰一声枪响震惊世界，为中国体育代表团摘得奥运首金。自1984年起，中国体育代表团已经全面参加十届夏季奥运会，中国一步步成长为世界竞技体育强国。在这个过程中，中国体育健儿留下了无数值得铭记的经典瞬间。中国体育健儿的赛场故事，是动人、励志、具有感染力的；中国体育的荣誉瞬间，是辉煌、耀眼、增强民族自信心、提升民族自豪感的……

光阴似箭，40年已过，2024年，又是一个"奥运年"。值此之际，我们希望有一套图书可以传承中国体育的拼搏精神，可以让孩子们铭记动人的体育英雄故事，可以帮助孩子们树立正确的价值观、选择合适的励志榜样……《中国骄傲》系列图书应运

而生。我们希望用这套图书播下体育强国梦的种子，我们期待这套图书让中国的体育英雄故事跃然纸上，我们憧憬这套图书让更多的孩子爱上体育……

《中国骄傲》，内容如何构成？

中国体育代表团的征战史无比灿烂，中国体育健儿的传奇征途无比辉煌，有限的篇幅难以展现全部。在此我们只能选取部分体育项目和部分运动员的故事重点描绘，在这里没有先后、主次排名，只有我们对每一个"中国骄傲"无比的敬意。

目前《中国骄傲》系列图书有十册呈现给读者，分别是：《中国女排》《中国乒乓》《中国跳水》《中国田径》《中国射击》《中国游泳》《中国体操》《中国羽毛球》《中国时刻》《中国冬奥》。

《中国骄傲》，一直在路上……

未来，《中国骄傲》系列图书也将努力呈现中国体育更多的动人篇章，包括夏奥会、冬奥会、残奥会等，我们致敬所有为中国体育倾情付出的传奇英雄。《中国骄傲》系列图书就如同体育赛场的"中国骄傲"，一直在路上……

中国时刻，奇迹突破！

中国体育的奥运征战史，无比的灿烂与辉煌。在每一个比赛项目中，中国奥运健儿化身无畏的开拓者，他们刻苦耕耘、努力训练，为中国体育代表团"开疆拓土"，书写新篇章。

比如击剑项目，来自中国的东方剑客，不断取得成绩的突破；比如举重赛场，来自中国的大力士，总能势如破竹创造奇迹；比如跆拳道比赛中，中国健儿总能带给国人惊喜；比如自行车赛道上，中国运动员总能骑出中国速度，彰显中国自信……

在奥运赛场上，有很多体育项目并不是中国队的强项，但是运动员们总能不断突破、创造奇迹。李婷/孙甜甜夺得女子网球双打冠军、孟关

良/杨文军在划艇项目中披荆斩棘、邹市明实现中国拳击的历史性突破、张娟娟帮助中国射箭向前迈出重要一步、中国女篮三次站上奥运领奖台、中国女足力夺奥运奖牌……无数中国时刻就此定格。

《中国时刻》选取中国体育代表团在奥运会中拼出奇迹、实现突破的时刻。中国奥林匹克运动的发展史,正是一部不断实现突破、屡次缔造奇迹的历史。谨以此书致敬默默耕耘的中国体育健儿,期待他们在未来的奥运赛场上,上演更多让人心潮澎湃的中国时刻。

卷首语
所有赛场，勇往直前

栾菊杰、仲满、孙一文……
一身豪气的东方剑客，屡创佳绩。
中国击剑运动员冲破欧美选手的垄断，
英姿飒爽，成就不朽传奇。
占旭刚、唐功红……
力拔山兮的中国大力士，屡次逆天改命。
中国举重运动员斩金夺银，
奋力拼搏，谱写雄浑乐章。
陈中、罗薇、吴静钰、赵帅……
他们是力劈华山的跆拳道英雄，
劈出无数荣誉，

也劈出中国跆拳道从弱到强的奋进之路。
王旭、王娇、冼东妹……
他们是不畏强敌、书写奇迹的摔柔勇士,
用摔不怕、打不倒的精神,
在摔跤柔道的赛场上捍卫中国荣耀。

邹市明打出中国拳击的第一个奥运冠军,
张娟娟"射落"中国射箭的第一枚奥运金牌,
还有一连串载入史册的名字,
为我们撰写属于中国的奥运奇迹。
回首中国健儿的奥运会征战史,
映入眼帘的是一部默默耕耘、厚积薄发、
屡创奇迹、不断突破的历史。
所谓奇迹,不过是永不言弃时争到的一丝机会;
所谓突破,不过是卧薪尝胆后换来的水到渠成;
所谓中国时刻,不过是坚持到最后闪现的那道光芒。
正是中国健儿创造的奇迹、实现的突破,
定格了无数个中国时刻!

目录

1
第一章
飒爽英姿
——中国击剑

21
第二章
力拔山兮
——中国举重

37
第三章
力劈华山
——中国跆拳道

57
第四章
屡创奇迹
——中国摔跤与柔道

73

第五章

梦想开拓者
——中国时刻

104

致敬
奥运会英雄谱

115

奥运会小百科

这一剑,"东方第一剑"栾菊杰,斩获中国击剑奥运首金;这一剑,潇洒剑客仲满,力夺中国男子击剑奥运首金;这一剑,雷声"惊雷"怒吼,助中国男子花剑实现奥运金牌"零的突破";这一剑,"击剑女神"孙一文刺破苍穹,改写中国重剑历史。来自东方的剑客们凭借一身豪气,闯入欧洲选手长期独占鳌头的剑道,留下的是飒爽英姿,书写的是不朽传奇。

第一章
飒爽英姿
——中国击剑

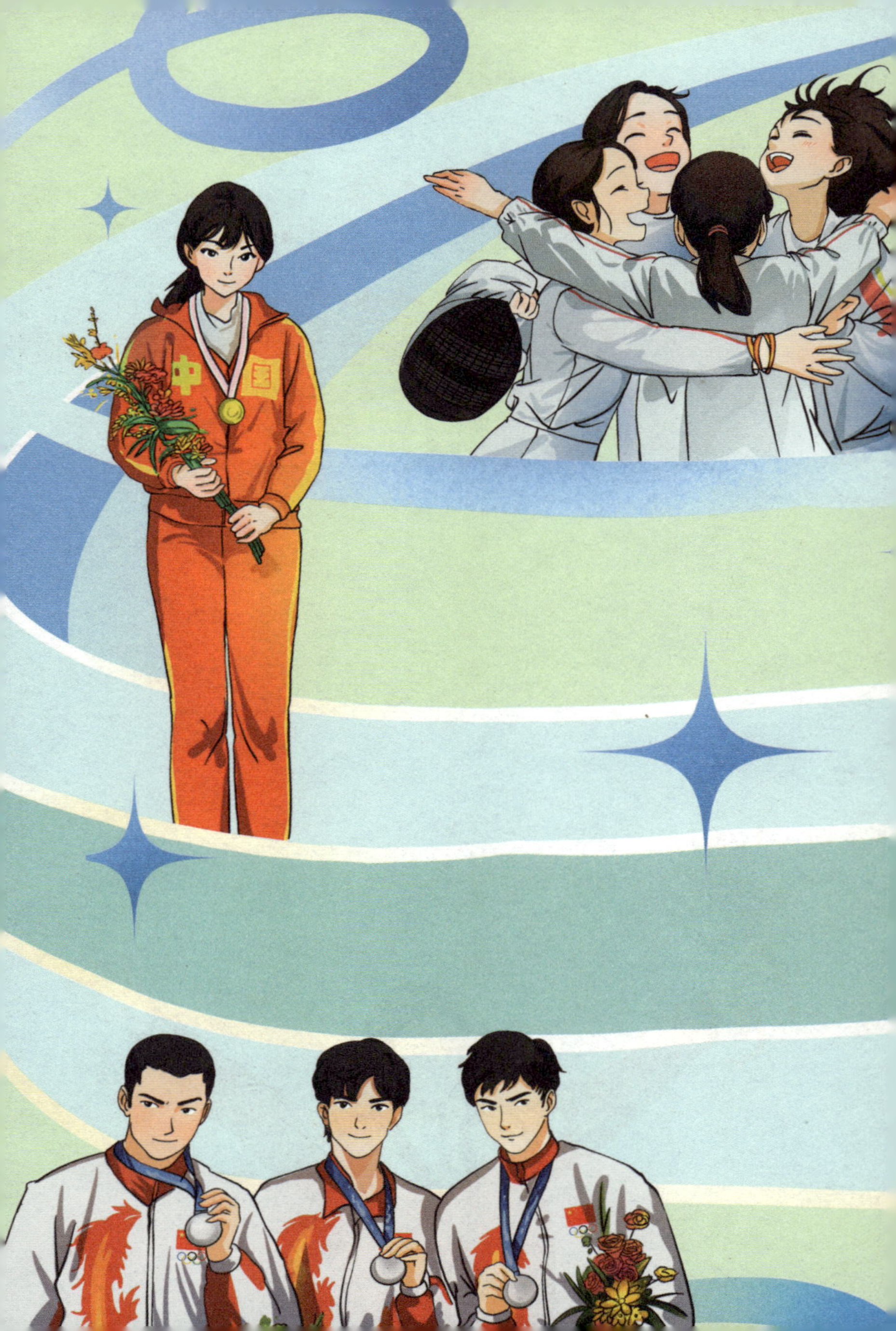

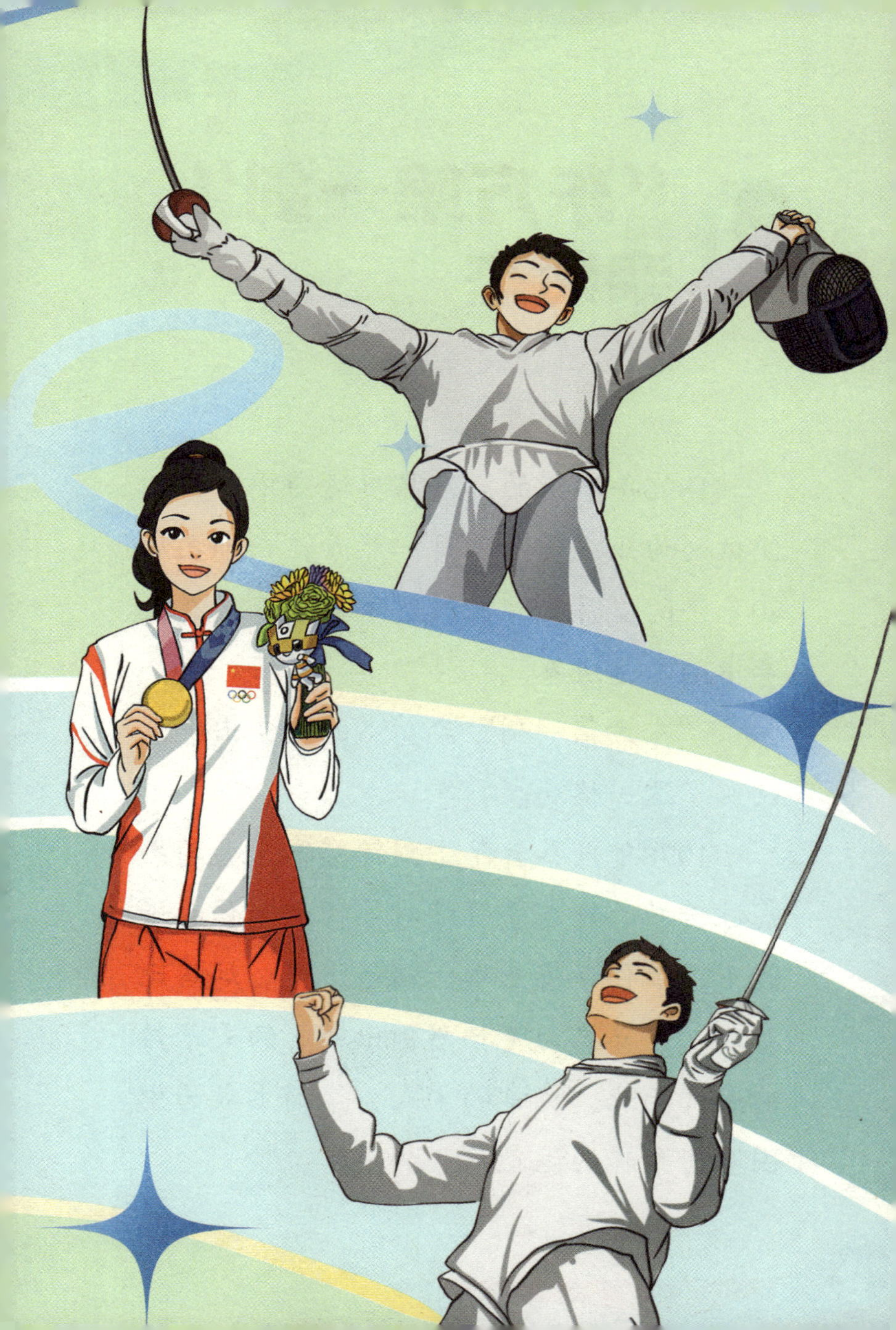

"东方第一剑"
栾菊杰

1896年举行的第一届奥运会中,击剑便被列为正式比赛项目。然而,在那之后80多年的岁月里,亚洲选手从未在世界大赛中闯入过决赛。

"东方第一剑"栾菊杰的横空出世,改变了这一格局。

1978年世界青年击剑锦标赛,栾菊杰震惊世界。她在手臂被对手的剑刺伤的情况下,带伤夺得亚军,创造历史。那届比赛后,一篇名为《扬眉剑出鞘》的文章传遍大江南北,文章的主人公栾菊杰成为中国家喻户晓的运动员。

1984年洛杉矶奥运会，栾菊杰出战女子花剑个人赛。**小组赛中，栾菊杰势如破竹，娴熟细腻的剑法，配合着近乎完美的力度、幅度、深度、精度，让她豪取14胜1负的傲人战绩，挺进淘汰赛。**

双败淘汰赛首轮，栾菊杰7比8憾负瑞典选手克斯汀·帕尔姆，落入到败者组中。

但一场失利并未浇灭她夺冠的雄心。

败者组的对决中，栾菊杰呈现出更加稳健的表现，她一路过关斩将，甚至在半决赛中以8比0的比分零封对手，最终高歌猛进闯入决赛。

当地时间8月3日，栾菊杰站上了洛杉矶长滩大剧院的剑道，在这片欧洲选手长期独占鳌头的赛场上，栾菊杰的对手不仅是她要直接面对的科诺利娅·哈尼施，更有随时可能出现的争议判罚，以及现场观众对于哈尼施一边倒的支持。

但栾菊杰用绝对的实力，让所有的不利因素都烟消云散，她的每一次出剑都又快又准，对手根本无从招架。最终，栾菊杰8比3毫无争议地击败对手，力夺金牌，缔造奇迹，亚洲历史上首枚击剑奥运金牌就此诞生。

这届奥运会，击剑8个项目全部24枚奖牌中，除了栾菊杰的这枚金牌，其余23枚奖牌无一例外被欧美选手斩获。

1988年汉城奥运会后，栾菊杰因伤病选择退役。退役后的栾菊杰并没有离开自己热爱的事业，而是成为一名击剑教练。

　　2008年北京奥运会，为了完成在祖国参加奥运会的梦想，即将50岁的栾菊杰克服了年龄和体能带来的重重困难，再次踏上了奥运会击剑赛场。赛后，这位"东方第一剑"展开了早早准备好的横幅，上面是三个大字——"祖国好"。

潇洒剑客仲满 "刺穿"魔咒

1984年洛杉矶奥运会栾菊杰夺冠之后,中国击剑队陷入了"银牌魔咒"。从1988年汉城奥运会到2004年雅典奥运会,五届奥运会的比赛中,中国击剑队拿到5银1铜,屡次与金牌失之交臂,更是数次遭遇裁判的争议判罚。

仲满在2008年北京奥运会中横空出世,一剑刺破了这一魔咒。

2008年北京奥运会的开局对中国击剑队而言是一片阴霾,多位被看好的选手遗憾折戟。此前,在男子佩剑个人赛中,仲满只拿过亚锦赛冠军和世界杯分站冠军,

而本次面对诸多欧洲高手,他却如佐罗附体,成为最大黑马。

仲满首轮轮空,次轮轻松取胜,第三轮以15比14的比分涉险过关。1/4决赛,仲满的对手是本届比赛的夺冠热门选手路易吉·塔兰蒂诺。面对颇具实力的对手,仲满再度拿下一场含金量十足的胜利,以15比13的比分险胜,晋级半决赛。

半决赛,仲满再度遭遇强敌。面对2004年雅典奥运会男子佩剑团体赛冠军队成员朱利安·皮耶,仲满再度以弱胜

强——15比12，他又一次惊险取胜，晋级决赛。

从第三轮比赛到半决赛，仲满分别赢了1分、2分和3分，每一轮比赛胜负毫厘之间的历练，让仲满在决赛中爆发出惊人的战力。面对法国选手尼古拉斯·洛佩兹，仲满在双方战至9比9之后突然爆发，连得6分，彻底击败对手，15比9取胜，"一黑到底"拿下这枚金牌。

中国击剑队时隔24年再度拿到奥运冠

军,仲满更是实现了中国男子击剑队奥运金牌"零的突破",也"刺穿"了让人沮丧的"银牌魔咒"。2008年北京奥运会男子佩剑个人项目的前12名选手,除了拿到金牌的仲满,其余11名清一色来自欧洲和美国。从赛前不被看好,到晋级之路连续险胜强敌,再到决赛击败对手一举夺魁,仲满拼出了最锋利的剑铓。

领奖台上,仲满彰显了自己的"剑客风范",与现场观众一起为银牌和铜牌得主鼓掌。时任国际剑联主席何内·豪克亲自为仲满颁奖,仲满眼含热泪高唱国歌。

男子花剑"三剑客"

叶冲、董兆致、王海滨,被称作中国男子花剑"三剑客"。他们三战奥运会,两度拿到团体银牌,**屡次遭遇误判**。1996年亚特兰大奥运会,"三剑客"首度联手征战男子花剑团体赛。因为比赛时间变动却未收到通知,他们匆忙走上剑道,遗憾遭遇"一轮游"。

2000年悉尼奥运会,"三剑客"高歌猛进晋级决赛,与击剑强队法国队酣战至44平。决胜一剑出现争议判罚——双方同时刺中对方,裁判却判法国队获胜。"三剑客"一度沮丧退役,但拿下奥运金牌是三人魂牵梦绕的夙愿。

2004年雅典奥运会，三人应召归队。决赛，"三剑客"领衔的中国队对阵意大利队。匈牙利裁判希达西多次出现匪夷所思的判罚，令中国队陷入绝境。虽然后来希达西被替换，但此前产生的差距已经难以弥补。最终，"三剑客"倾尽全力仍以3分的劣势败北，奥运冠军的梦想破灭。三人黯然收剑，告别江湖，留下让人扼腕的遗憾。尽管无缘登上奥运会最高领奖台，但"三剑客"面对不公一次次奋力抗击，为自己赢得了尊重，也为后辈赢得了相对公平的竞技环境。

中国女子重剑队霸气加冕

2012年伦敦奥运会,由孙玉洁、李娜、许安琪、骆晓娟组成的中国女子重剑队创造历史,拿到了中国重剑历史上首枚奥运金牌。

中国女子重剑队在本届奥运会中的征程,可谓惊险刺激、荡气回肠。

首轮比赛,她们3分险胜德国队。半决赛面对俄罗斯队,她们通过加时赛才以1分的优势涉险过关。

决赛面对韩国队,中国女子重剑队一开始打得并不顺,但队员们快速调整了状态,逐渐反超并不断扩大比分优势。最后登场的孙

玉洁更是势如破竹，连续得分，彻底终结了比赛的悬念。最终中国女子重剑队以39比25的比分战胜韩国队，实现中国重剑奥运金牌"零的突破"。自此，中国击剑队在重剑、佩剑、花剑三个项目中均有金牌入账。

2008年北京奥运会，谭雪领军的中国女子佩剑队在团体赛中憾负摘银。时隔四年，中国女子重剑队终于圆了奥运金牌梦，中国击剑也终于拥有了第一枚奥运团体赛金牌。

"惊雷"怒吼
中国花剑梦成真

2012年伦敦奥运会男子花剑个人赛，中国选手雷声带来了巨大的惊喜。

前三轮比赛，雷声没有遇到太多阻碍，对手的得分均未超过10分。

半决赛对阵意大利名将安德里亚·巴尔蒂尼，雷声陷入鏖战，最终15比11涉险过关。决赛的过程更为艰苦，埃及黑马阿莱尔丁·阿波尔卡西姆给雷声带来了巨大的挑战。开局领先的雷声一度被反超，随后他奋起直追，将比分追至13平。他不断告诉自己要冷静，一剑一剑地去拼。

决胜时刻，雷声连得2分，以15比13的比分拿下胜利，实现了中国男子花剑奥运金牌"零的突破"。**而后，他摘下面罩，仰天长啸，伦敦的夜空见证了这声"惊雷"怒吼。**

长度仅14米的剑道，见证了中国花剑漫长曲折的奋斗史。花剑"三剑客"穷极职业生涯苦寻而不得的奥运金牌，终于由他们的后辈斩获。雷声夺金时的教练，正是花剑"三剑客"之一的王海滨，赛后两人尽情地拥抱庆祝。

孙一文
"一剑光寒定九州"

2020东京奥运会（因疫情原因延期至2021年举办）的赛场，见证了中国击剑的又一次历史性突破。女子重剑个人赛中，2016年里约奥运会铜牌得主孙一文，彰显了自己的实力和魄力。**孙一文的夺金之路不算顺利，但每次面对惊心动魄的决胜时刻，她总能把握住机会，一剑制胜。** 1/4决赛，她面对意大利名将奥拉·费德丽卡，就是以11比10的比分险胜。

决赛赛场，相似的局

面再度出现。孙一文和罗马尼亚选手安娜·玛丽亚·波佩斯库陷入激战，双方比分紧咬，比赛以10比10的比分来到了惊心动魄的加赛阶段。

只见孙一文果断亮剑，抓住机会，一剑"封喉"！她摘下面罩，高举手中寒光凛凛的剑，怒吼庆祝。凭借这决胜一剑，孙一文11比10击败对手，拿到了中国重剑历史上首枚个人项目的奥运金牌。赛事解说员评价孙一文："一剑光寒定九州！"

孙一文用5年时间让铜牌变成了金牌，2020东京奥运会的赛场也见证了中国击剑的又一次进步。

"力拔山兮气盖世"这句气壮山河的诗句，被中国举重队诠释得淋漓尽致。占旭刚2000年悉尼奥运会惊天一举，上演超级逆转；唐功红2004年雅典奥运会孤注一掷，演绎奇迹翻盘。数战奥运会争金夺银，中国大力士们屡次化绝境为荣耀，缔造鲜花和掌声铺就的璀璨征程。中国力量，力拔山兮！

第二章

力拔山兮
——中国举重

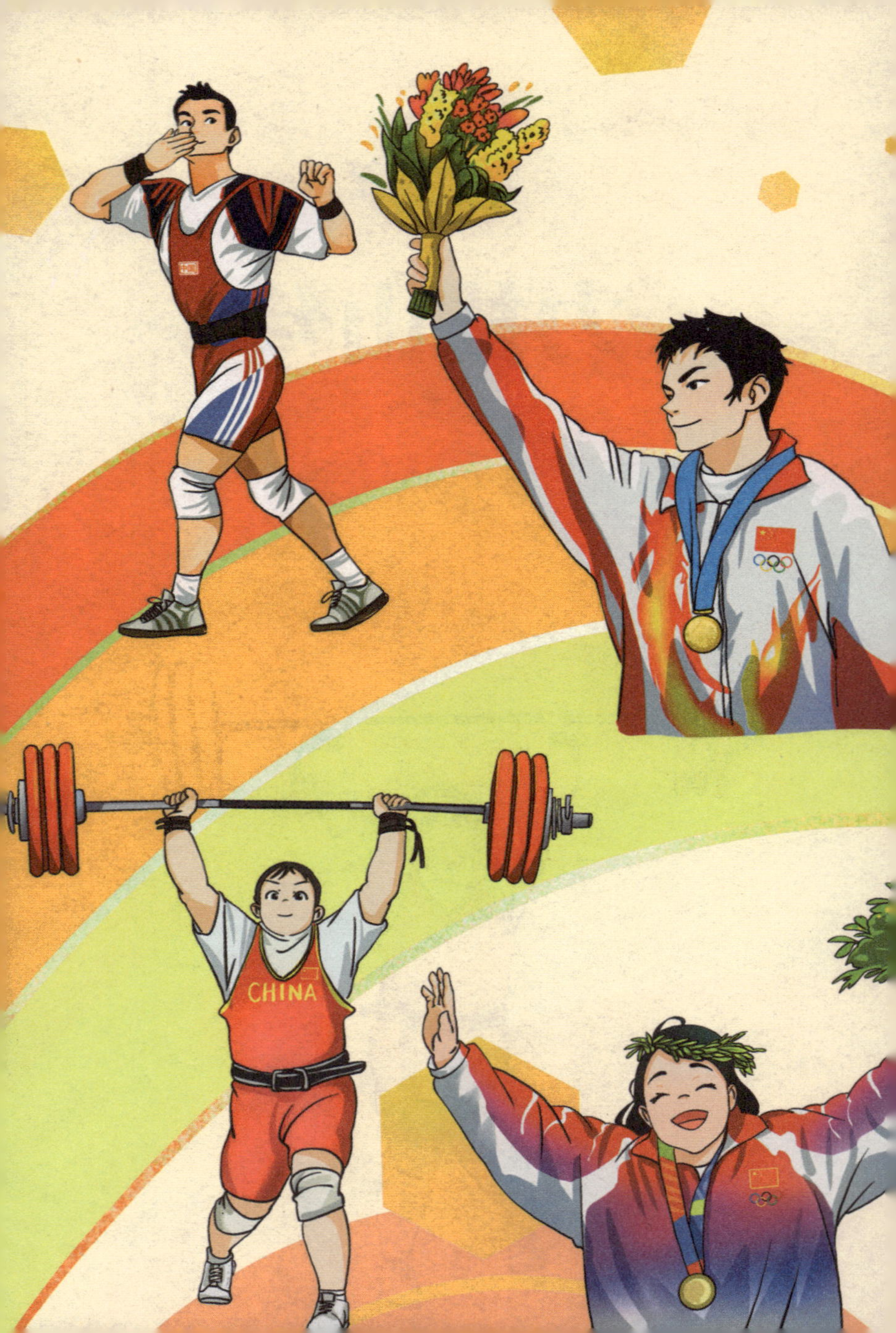
CHINA

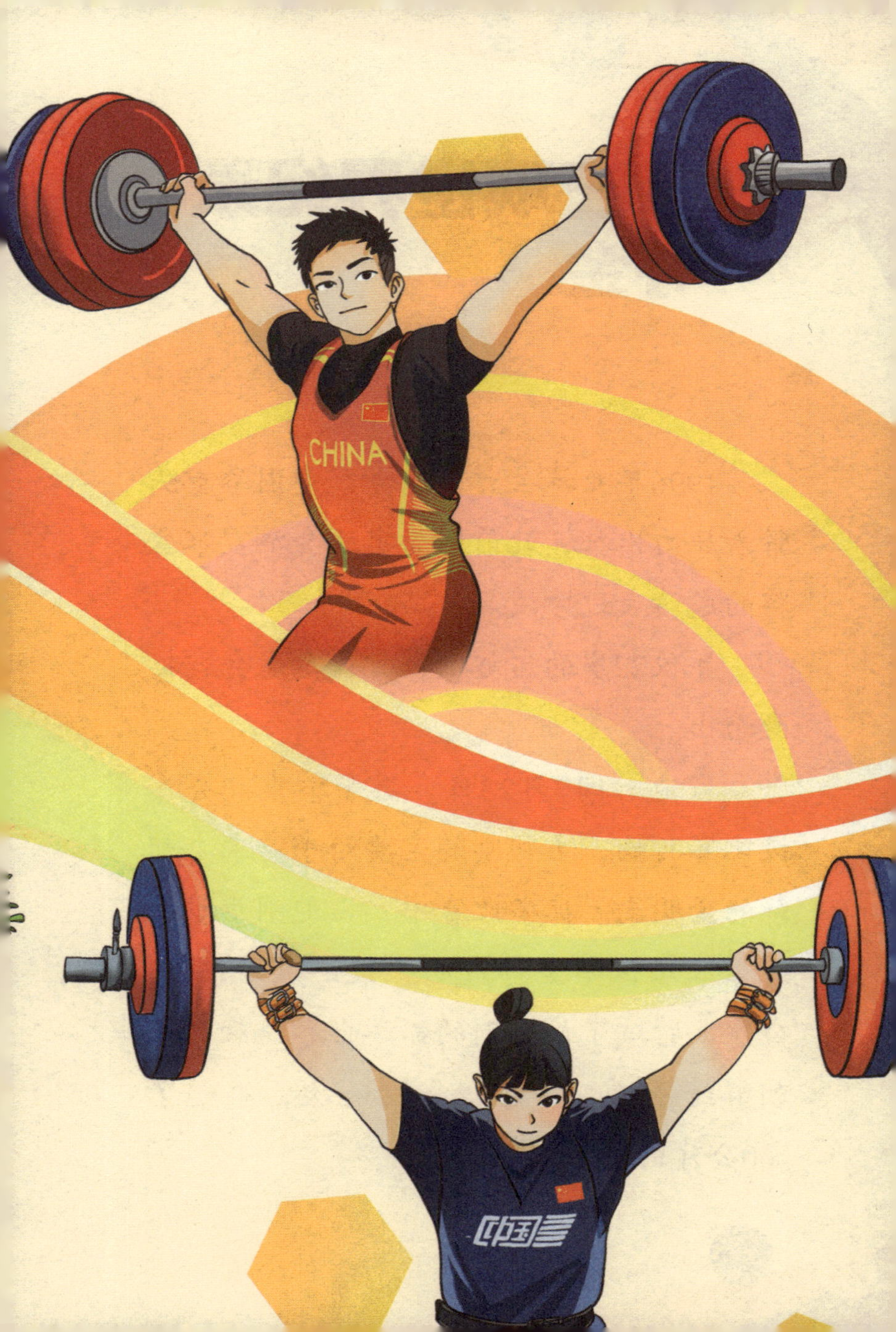
CHINA
中国

破三项世界纪录夺金

1996年亚特兰大奥运会,中国举重队带着压力出征,此前两届奥运会举重零金牌的成绩太过惨淡。

年仅22岁的占旭刚,首战奥运会就挺身而出。

当地时间7月23日,男子举重70公斤级比赛打响,占旭刚的主要对手是来自朝鲜的金明南。抓举比赛中,占旭刚步步为营,三次试举全部成功,最终成绩162.5公斤,打破了该级别的抓举世界纪录。而朝鲜选手在抓举中仅成功一次,举起了160公斤的重量。

挺举比赛中占旭刚开把就要了190公斤的重量,并轻松举起,体现出绝对的实力。金明南开把举起185公斤后,在192.5公斤的重量上连续失败,总成绩定格在345公斤。占旭刚两项总成绩已经有352.5公斤,他提前锁定了金牌。但这名小将选择继续挑战,最终他再度试举成功,并以195公斤的成绩,打破了该级别的挺举世界纪录。

抓举162.5公斤、挺举195公斤、总成绩357.5公斤,初出茅庐的占旭刚以打破三项世界纪录的成绩拿下奥运金牌,东方大力士傲然挺立于世界之巅。

超级逆转！占旭刚蝉联冠军

2000年悉尼奥运会，占旭刚的夺金征程惊心动魄。当地时间9月22日，占旭刚再次站上奥运赛场，这次他出战的是77公斤级的比赛。比赛伊始，他状态不佳，抓举仅举起了160公斤的重量，落后主要竞争对手维克多·米特鲁5公斤。

挺举比赛，米特鲁在第三把举起了202.5公斤。由于体重轻于米特鲁，占旭刚只要举起207.5公斤就能逆转夺冠。但占旭刚从未举起过这样的重量，所以米特鲁举起202.5公斤后便开始提前庆祝。在他看来，金牌已非他莫属。

但是，占旭刚不答应！他目光坚定地走上举重台，毅然决然地开始了自己的挑战。俯身、握铃、下蹲、提拉、上挺，占旭刚的整套动作一气呵成，虽然万分艰难，但他还是成功了！米特鲁和他的团队瞬间沉默，现场观众却彻底沸腾。

最终占旭刚以207.5公斤的挺举成绩平世界纪录、打破奥运会纪录，以367.5公斤的总成绩再度拿下奥运金牌。一举定乾坤，占旭刚成为中国举重历史上首位蝉联奥运冠军的运动员。

惊天一举！
唐功红造逆转神迹

2004年雅典奥运会，中国举重选手唐功红复刻了4年前占旭刚的超级逆转，她用惊天一举让提前庆祝的对手黯然神伤。当地时间8月21日，2004年雅典奥运会女子举重75公斤以上级的比赛打响，唐功红和韩国选手张美兰对这枚金牌展开了激烈的角逐。

抓举比赛唐功红状态不佳，三次试举仅成功一次，举起的是122.5公斤的重量，张美兰则举起了130公斤的重量。落后7.5公斤的唐功红体重比张美兰更重，根据比赛规则，**唐功红必须在挺举比赛中取**

得比张美兰高出至少10公斤的成绩，才能完成逆转。

挺举的第一把，唐功红再次失利。她在尝试172.5公斤的重量时，重心不稳，直接摔倒在了举重台上。虽然此后她成功举起了172.5公斤的重量，但韩国选手张美兰同样举起了172.5公斤。此时，张美兰和她的教练已经开始拥抱庆祝，看台上的韩国观众也激动地举起了韩国国旗。

唐功红想要完成逆转，就必须

举起182.5公斤的重量。彼时该级别的挺举世界纪录,是由唐功红自己保持的175公斤。

面对近乎不可能完成的挑战,唐功红能逆转夺冠吗?

只见她平静地走上举重台,怒吼一声,双手握住杠铃并下蹲发力,随后将182.5公斤的重量扛在了肩膀上。此时,时间仿佛静止了,唐功红停了将近10秒,才终于奋力上举。

奇迹就此诞生,唐功红稳稳站住,她成功地举起了182.5公斤,完成了大逆转。此时的唐功红没有庆祝,而是平静地走下了赛场。原来她紧张到忘记了比赛的进程,以为自己还需要再挑战更重的重量才能夺冠。她一边走向通道，一边对教练说："我还能加（重量）。"

最终，凭借这惊天一举，唐功红以305公斤的总成绩逆转夺冠。提前庆祝的张美兰此时心如死灰，她败给了奇迹缔造者唐功红。 由于本身就患有高血压，加上这一举给唐功红的身体带来了巨大的压力，比赛结束之后，唐功红出现了流鼻血的症状。往后的职业生涯里，她也饱受伤病困扰。

然而，2004年雅典奥运会赛场上的这场惊天逆转，是她留给举重台的不朽篇章。

举重"梦之队"

举重项目需要运动员拥有出色的天赋，绝对力量、技巧、爆发力缺一不可。举重项目也需要运动员在日复一日的枯燥训练中，不断追逐极限、追逐更好的自己。举重项目更需要运动员在赛场上挑战自我，力拔山兮气盖世，化绝境为荣耀。

中国举重队的运动员们，有着超乎常人的坚忍意志，他们不仅无惧日常的大运动量训练，更有临危不乱的勇气和魄力，多次在赛场上演绎惊天地、泣鬼神的超级逆转。

1956年6月，中国举重传奇陈镜开以

133公斤的成绩打破了男子举重最轻量级的挺举世界纪录，成为中国第一个打破体育运动世界纪录的运动员。

自此之后，中国举重队开启了一段由鲜花和掌声铺就的璀璨征程，运动员们在各类世界大赛中摘金夺银、辉煌不断，中国举重队成为中国体育界不折不扣的"梦之队"。

从1984年洛杉矶奥运会到2020东京奥运会，中国举重队缔造了无数个值得铭记的瞬间。

占旭刚和唐功红的惊世一举，书写了中国举重的奇迹，让提前庆祝的对手沉默，让挥舞五星红旗的国人沸腾。

从2004年雅典奥运会夺冠，到2020东京奥运会以王者姿态加冕，"石智勇"这个名字，成为中国举重史的传奇。1980年出生的石智勇，2004年雅典奥运会成功摘金，发布会上洒下英雄泪。1993年出生的另一位石智勇，两夺奥运金牌，击败一众对手，传承"石智勇"这个名字的荣耀。

从金牌运动员到金牌教练，张国政几十年如一日的坚守，诠释了属于中国举重的传承。

从2008年以天才姿态横空出世，到2016年沉寂许久后王者归来，永不言弃的龙清泉，不仅举起了三倍于自己体重的重量，更举起了一段可歌可泣的传奇生涯。**2020东京奥运会，中国举重队8人出战，狂揽7金1银，再次彰显了"梦之队"的王者之姿。**然而，没有任何胜利是唾手可得的，没有任何纪录是一蹴而就的。无数中国举重人，在这个异常艰苦的项目中，勇敢挑战，坚定传承，才造就了中国举重如今的辉煌。

致敬所有为中国举重倾注全部力量的大力士们。

她是拓荒者陈中，两夺奥运冠军创历史；她是无惧者罗微，怒目圆睁客场摘金；她是"无影腿"吴静钰，四战奥运铸就传奇；他们是金童玉女赵帅、郑姝音，里约双双夺金牌。怒吼声中他们力劈华山，劈出中国跆拳道璀璨的奋进之路，劈出一枚枚金光闪闪的奥运金牌。

第三章

力劈华山
——中国跆拳道

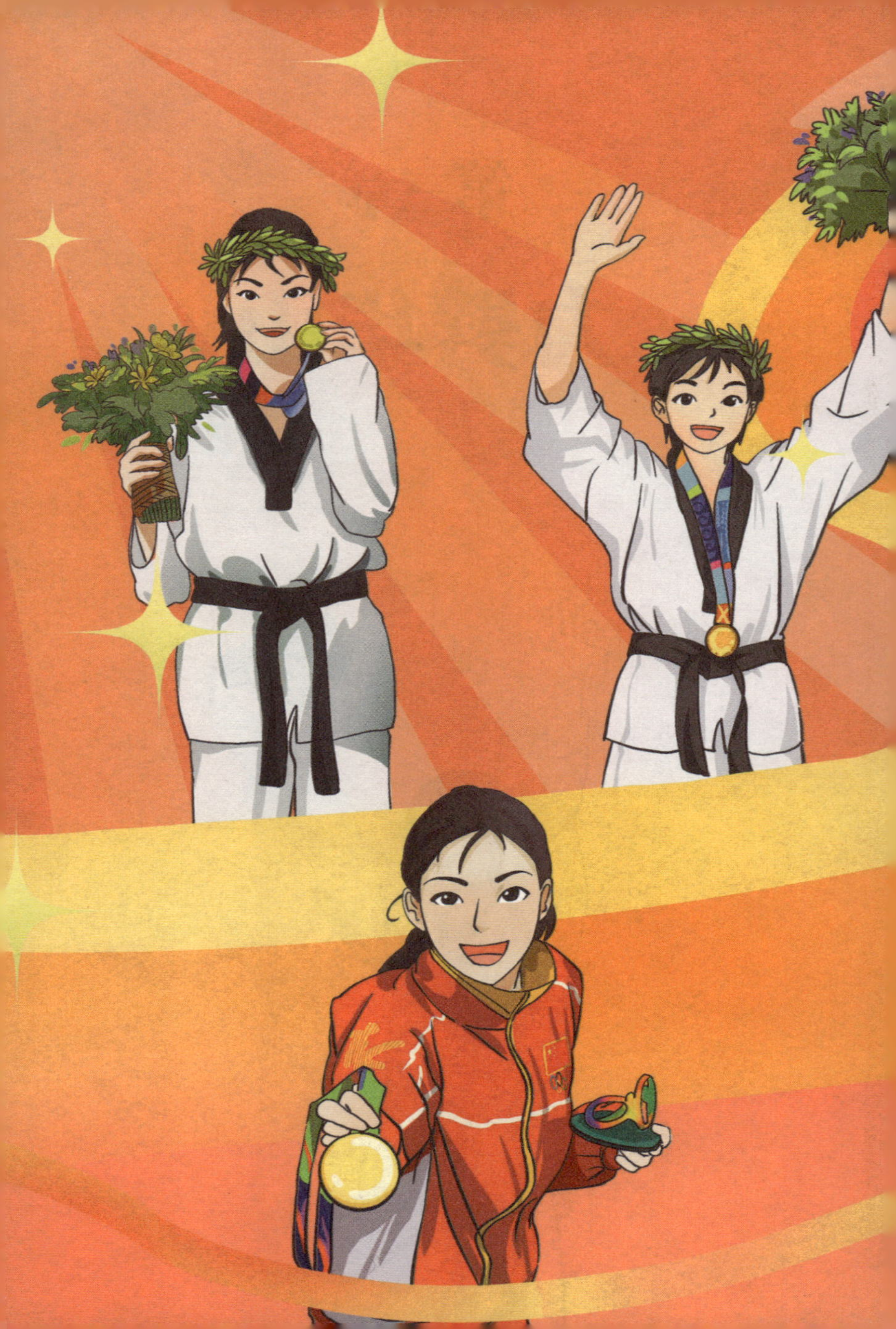

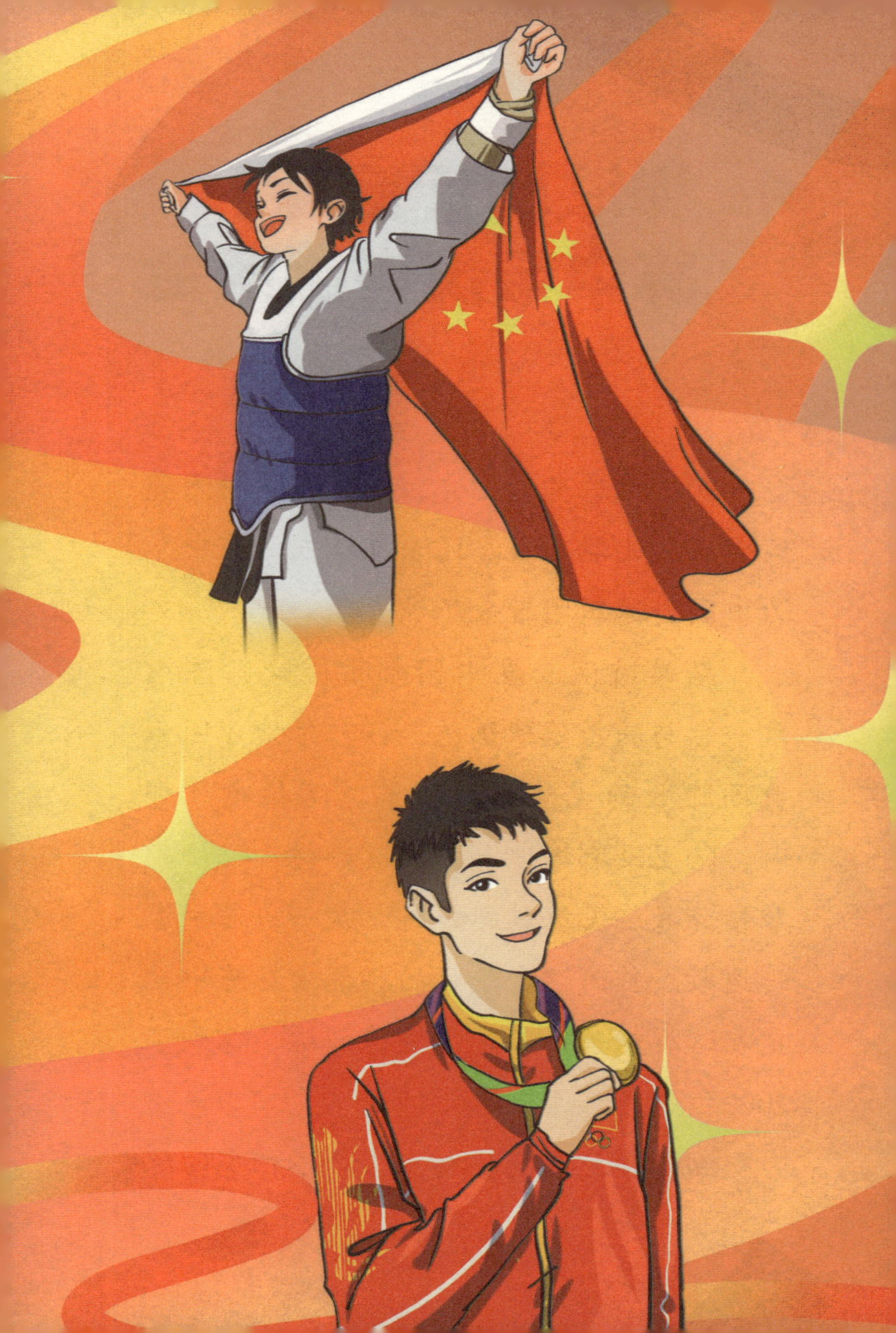

蝉联奥运冠军！
陈中带伤拼出两金

2000年悉尼奥运会，跆拳道被列为奥运会正式比赛项目。还未满18岁的陈中，为中国奥运军团带来了惊喜。

跆拳道运动在中国起步较晚，陈中之前参与的是篮球训练，1995年她才因为身高腿长的优势，被跆拳道队挑走。那时，队里没有场地，也没有器材，一切都靠借。教练没练过跆拳道，就一边看录像一边教。作为这个项目的拓荒者，陈中就是在这样艰苦的条件下坚持训练，撑到了2000年悉尼奥运会。

初登奥运赛场，初生牛犊不怕虎的陈

中就以6比0的比分拿下了第一场比赛的胜利,顺利晋级。随后,她又连赢两场,闯入决赛。

当地时间9月30日,2000年悉尼奥运会跆拳道女子67公斤以上级的决赛打响,陈中的对手是俄罗斯选手娜塔莉亚·伊万诺娃。

比赛开始后,场面呈现出一边倒的态势。伴随着声声怒吼,陈中连续取分,对手完全被打蒙。**最终,陈中以8比3的比分取胜,拿下了中国跆拳道历史上首枚奥运金牌。**

颁奖仪式上,陈中激动地高唱国歌,现场观众高举

五星红旗庆祝。拓荒者陈中，让中国跆拳道实现了历史性突破。

然而，陈中的巅峰状态在2002年戛然而止，她遭遇了膝盖十字韧带断裂的重伤，半月板也有损伤。如果选择手术，她将错过2002年釜山亚运会和2004年雅典奥运会。如果选择保守治疗、带伤作战，她将承受常人难以想象的痛苦。

为了梦想，陈中毅然决然地选择了坚持。她不顾受伤的膝盖坚持训练，直到2004年雅典奥运会。 来到赛场，陈中忘却疼痛，连赢3场之后又一次站到了奥运会决赛的舞台。

面对法国选手米里亚姆·巴弗雷尔，陈中一直保持着领先。比赛还剩不到40

秒，陈中被对手踢中伤处，痛苦倒地，现场观赛的中国观众惊出一身冷汗。但顽强的陈中不仅站了起来，更是连得3分，击败对手。最终她12比5取胜，在跆拳道女子67公斤以上级项目中实现卫冕，成为首位蝉联跆拳道奥运冠军的中国选手。

2008年北京奥运会，陈中遭遇裁判的争议改判，无缘三连冠，留下了些许遗憾。退役之后，陈中用自己的影响力积极地在中国和全世界推广和普及跆拳道。2022年，世界跆拳道联盟公布首批名人堂成员，陈中毫无悬念地入选。

"魔鬼赛程"？
罗微怒目客场摘金

2004年雅典奥运会，中国跆拳道迎来了辉煌时刻——单届奥运会收获两枚金牌。陈中霸气卫冕，罗微更是克服身体状况不佳、遭遇"魔鬼赛程"、决赛对阵东道主选手等诸多不利因素，拼下了一枚金牌。

2004年雅典奥运会跆拳道女子67公斤级的抽签仪式结束之后，罗微的教练将她的抽签结果形容为"死签"。如果想要夺冠，罗微得击败这个级别全世界最强的几名选手。不仅如此，由于此前长时间的大运动量训练，罗微的脚上起了很多水泡，痛感会严重影响她在赛场上的发挥。然而，坚强的罗微迅速平复了心情，踏上了征程。

首战面对韩国名将黄敬善，罗微经过苦战，10比8险胜。次战对阵尼娜·索尔海姆，罗微愈战愈勇，再度取胜晋级。第三轮比赛，罗微迎来了新的考验，她的对手是来自波多黎各的高手伊娜贝尔·迪亚兹。鏖战之中，她无惧强大的对手，一次次霸气取分，最终5比3顺利过关。

连续三场比赛，击败了这个级别实力超强

的三个对手，罗微如愿站上了决赛赛场。但此时等待她的，却是更大的困难。

　　罗微在决赛中的对手是东道主选手艾莉萨维特·米斯塔基杜。客场作战的难度从比赛伊始就显现，震耳欲聋的欢呼声和助威声，几乎要将场馆的顶棚掀翻。水泡带来的痛感愈发强烈，为了不让对手察觉，罗微只能怒目圆睁。

　　面对前两个回合3比4落后的劣势，罗微一次次地怒吼，一次次地出腿，在客场漫天的喝彩声中完全释放了自己，最终她完成逆转，在极其艰难的境遇之中拿下了一枚宝贵的金牌。

　　2006年，罗微拿到了多哈亚运会跆拳道女子72公斤级的冠军。2007年，罗微被诊断为深静脉血栓,这给她的职业生涯带来了重创。2009年,罗微又在训练中膝盖受伤,几乎面临退役。但罗微没有轻易放弃,她的战场从赛场转到了医院。**一边治疗一边训练,罗微演绎了王者归来。**

2010年广州亚运会,从伤病中挺过来的罗微再次拿下金牌。1枚奥运金牌、2枚亚运金牌,罗微用自己的冲劲、用自己的无畏、用自己的不服输,铸造了璀璨的职业生涯。

"无影腿"
四战奥运铸就传奇

吴静钰绰号"无影腿",她不仅具备出色的爆发力,还练就了顶尖的柔韧性。用霸气十足的下劈腿直击对手头部,这是吴静钰在赛场上的必杀技。

2008年北京奥运会前,吴静钰在跆拳道女子47公斤级中已是世界顶级名将。她先是在2006年的多哈亚运会中实现中国跆拳道亚运金牌"零的突破",又在2007年的世锦赛中折桂。

2008年北京奥运会跆拳道女子49公斤级比赛,前两轮吴静钰频频用自己的招牌下劈进攻,分别以7比0和8比1的悬殊比分取胜。半决赛面对中国台北名将杨淑君，吴静钰再度踢出招牌下劈，4比1取胜。

决赛面对泰国小将贝德蓬，吴静钰早早取得了1比0的领先，对手还因为消极比赛被罚分。**伴随着全场观众"3、2、1"的倒数结束，吴静钰首战奥运会即夺金，她兴奋地跳跃、怒吼庆祝，身披国旗绕场一周。**

2012年伦敦奥运会，吴静钰更加所向披靡。她继续出战跆拳道女子49公斤级的比赛，收获了一场又一场毫无悬念的大胜。

前三轮比赛吴静钰分别

以10比2、14比0和19比7的比分击败对手晋级。决赛面对西班牙名将、世锦赛冠军布丽吉达·亚格,吴静钰8比1轻取对手,实现卫冕。她身披五星红旗,庆祝自己职业生涯的又一个里程碑。

2016年里约奥运会,吴静钰倒在了半决赛门外,含泪告别赛场。2017年夏天,吴静钰顺利产女,国际奥委会主席托马斯·巴赫为她的女儿取了个英文名——Gloria,寓意荣耀。

升级为妈妈的吴静钰感觉自己"武功全废",但她还是倔强地选择复出。**2020东京奥运会,她第四次站上奥运赛场,成为首位完成这一壮举的女子跆拳道运动员。**

首战,已经34岁的"妈妈级"选手吴

静钰以24比3的比分轻松取胜。但时光老人终究强大又无情，短暂休息后踏上次轮征程，吴静钰2比33输掉了比赛。随后，她又在复活赛中败北。这一次吴静钰微笑告别，只留下祝福。败给岁月，她输得无怨无悔。

四战奥运会两夺冠军，在巅峰时璀璨耀眼，在低谷中傲然坚守，"妈妈级"选手吴静钰缔造了如此厚重、如此辉煌的职业生涯。

金童玉女！
赵帅郑姝音甜蜜加冕

身高1.88米，体重却要常年维持在58公斤以下，为了实现中国男子跆拳道在奥运会中的突破，赵帅将减重作为日常生活中的必做功课。

煎熬换来了喜人的结果，2016年里约奥运会的赛场上，赵帅一路高歌猛进，最终在跆拳道男子58公斤级的比赛中以绝对的优势加冕，成为中国跆拳道历史上首位男子奥运金牌得主。

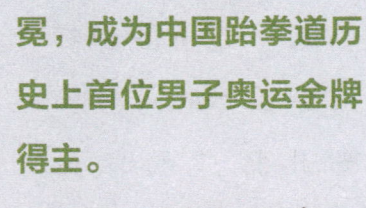

里约奥运会夺冠之后，赵帅升级参加

63公斤级比赛。2017年世锦赛，赵帅成功夺得男子63公斤级比赛的冠军，这是中国男子跆拳道首枚世锦赛金牌。2019年世锦赛，赵帅在该项目中实现卫冕。

2020东京奥运会，赵帅成为中国体育代表团的开幕式旗手，他和女排名将朱婷一起走在中国体育代表团的最前方。

这届奥运会前，赵帅升级参加68公斤级的比赛，失去了身高和力量的优势，也失去了此前的积分，一切都需要从头再来。为了击败绝对实力更强的选手，也为了累积新级别的积分，赵帅更努力地训练、更频繁地参赛。

在2020东京奥运会的赛场上，赵帅再度发挥出色，最终拿到一枚铜牌。两战奥运会斩获1金1铜,赵帅成为中国男子跆拳道当之无愧的领军人。

　　2016年里约奥运会的赛场,夺金后的赵帅迎来了更艰巨的"任务"——为进入跆拳道女子67公斤以上级决赛的女友郑姝音呐喊助威。

　　小将郑姝音的夺冠征程可谓惊心动魄,前两轮比赛顺利取胜之后,郑姝音在半决赛迎战英国选手比安卡·沃克登。常规时间,双方经过三个回合的鏖战战成1比1。加时赛,郑姝音抓住对手进攻时留下的空当,踢到对手头部,得到3分,赢得了比赛。

　　决赛中,郑姝音的对手是来自墨西哥的玛丽亚·埃斯皮诺萨,作为2008年北京奥运会该项目的金牌得主，这位墨西哥选手经验相当丰富。但郑姝音依靠自己的身高优势牢牢控制住了比赛局面，两回合结束后，郑姝音1比0领先。第三回合，郑姝音通过连续的侧踢、侧踹连拿4分，只在最后时刻被对手拿到1分。

最终郑姝音5比1战胜对手夺金，她和赵帅也成为中国跆拳道的奥运冠军情侣。 看台上赵帅已经吼到声嘶力竭，老将吴静钰也眼含热泪。老将坚守，新人辈出，这一幕诠释了中国跆拳道的荣耀传承。

王旭、王娇接连扳倒强敌，蝉联奥运冠军造佳话。"妈妈级"选手冼东妹，奥运卫冕创历史。摔跤和柔道这两个重竞技项目在中国起步较晚，但无数运动员用心坚守，默默奉献，在奥运赛场上缔造了无数荡气回肠的经典瞬间，他们在"荒漠"之中用摔不怕、打不倒的精神诠释了体育的真谛。

第四章

屡创奇迹
——中国摔跤与柔道

2004　2008

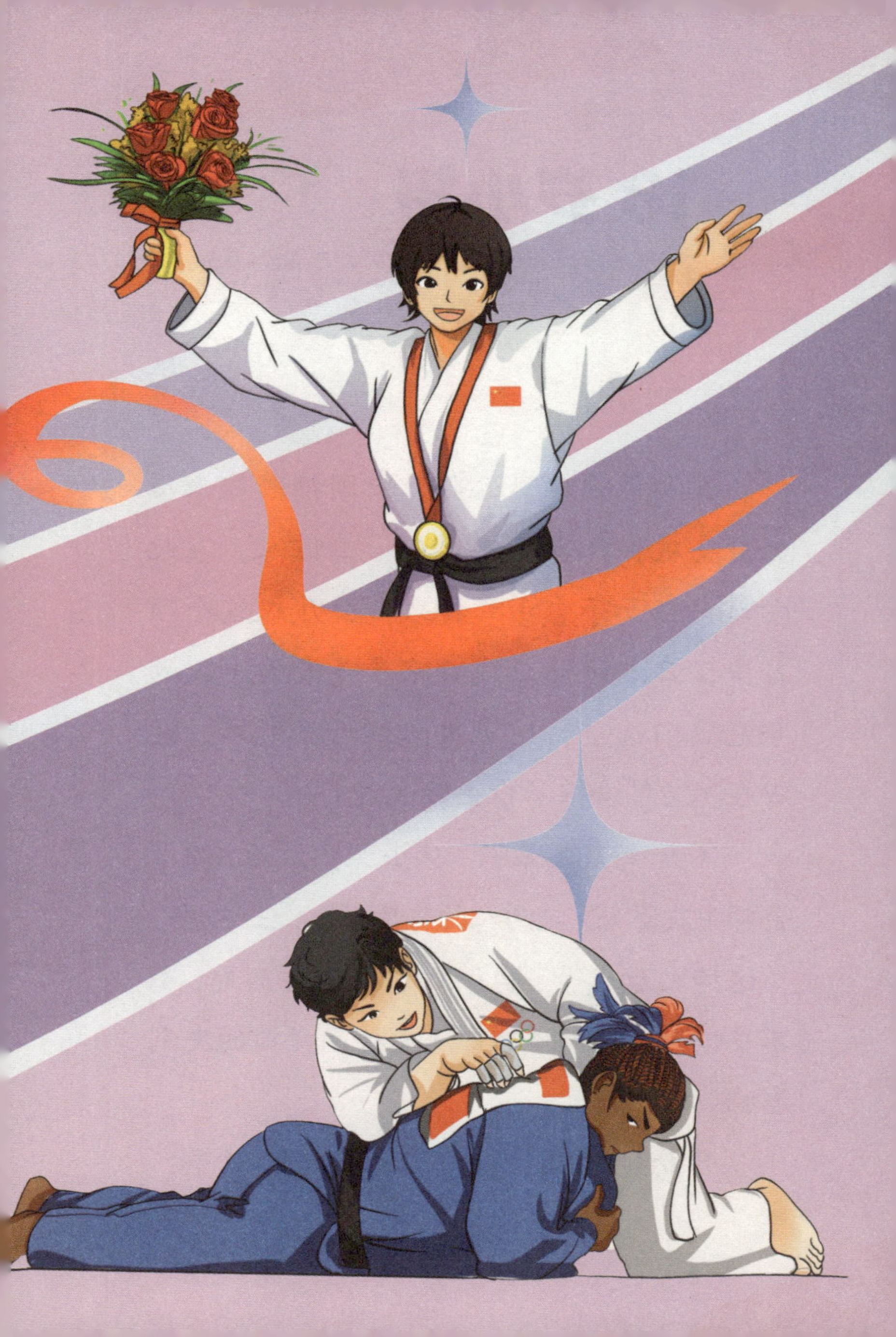

18岁小将
扳倒强敌夺首金

2004年雅典奥运会,中国摔跤迎来历史性突破,18岁小将王旭一鸣惊人。在此之前,在女子自由式摔跤72公斤级这个项目中,日本运动员滨口京子是毫无争议的夺冠热门选手,她多次拿到世界冠军,还曾在2002年世锦赛中击败王旭夺冠。

不是冤家不聚头,从小组出线后,两人会师半决赛。谈起两人的再度对决,王旭说:"这场比赛我等了两年了。"年轻的王旭,毫不畏惧强大的对手,更没有被两年前的失利影响。

开局她就气势如虹地两次掀翻对手,

取得3比0的领先。虽然滨口京子迅速扳平比分，但王旭在不到半分钟的时间内再拿3分，最终以6比4淘汰滨口京子，日本摔跤的王牌选手黯然出局。赛后王旭自信地表示："我不能总是输她啊！"

决赛面对俄罗斯选手高索尔·马尼奥诺娃，王旭以7比2轻松取胜，拿下雅典奥运会女子自由式摔跤72公斤级的冠军，中国摔跤实现奥运金牌"零的突破"。赛后发布会上，这个18岁的小将谈及铜牌得主滨口京子充满敬意："希望在2008年北京奥运会上，我们能再次交锋，一较高下。"

王娇摘金
演绎荣耀传承

2008年北京奥运会,滨口京子再度败给了中国选手,这一次击败她的是王娇。

北京奥运会王娇彰显了绝对的实力,她一路过关斩将来到了半决赛。与日本选手的对决再次上演,王娇以绝对实力"摔"出了8比2的悬殊比分,滨口京子又一次沮丧出局。中国摔跤如同一面"叹息之墙",横亘在滨口京子面前。

决赛中王娇的对手是保加利亚名将斯坦

卡·兹拉特娃，后者曾多次在世锦赛和欧锦赛中折桂。**但主场作战的王娇没有给对手任何机会，以8比3轻松取胜，中国摔跤队蝉联女子自由式摔跤72公斤级的奥运冠军。**

夺冠后的王娇激动地与教练拥抱，在现场所有观众的见证之下，教练将身披五星红旗的王娇高高举起绕场一周，这一幕也成为中国奥林匹克史上的经典画面。2金5银8铜，在这个非中国传统优势项目中，中国摔跤已经取得了耀眼的成绩，选手们在赛场上顽强拼搏，生动诠释了中国力量。

柔道传奇
67秒速胜夺冠

柔道是日本队的优势项目，但在2004年雅典奥运会，有一名中国选手，在众多日本观众的注视下，面对日本选手速胜夺金。**她就是冼东妹，中国柔道的传奇。**

当地时间8月15日，2004年雅典奥运会女子柔道52公斤级的决赛打响，中国选手冼东妹对战日本选手横泽由贵。此前冼东妹连遭恶战，晋级历程非常不易。决赛她仍要面临挑战，现场的日本观众人数众多，他们铺天盖地的加油声响彻体育馆。

比赛伊始，两人便倒地肉搏。但冼东妹显然更加老练，开局不久她就找到制胜良机——她用一个巧妙的压制动作,将横泽由贵牢牢"钉"在了地面上。尽管横泽由贵拼命挣扎,但仍然挣脱不了。25秒后,裁判举起拳头宣布冼东妹获胜,此时比赛才刚刚过去67秒!

老将冼东妹终于实现了自己的奥运金牌梦。赛后,她流下了饱含幸福和艰辛的泪水。

奥运卫冕 "妈妈级"冠军创历史

2004年夺金后,冼东妹经历了结婚、退役、生女,而后艰难复出。2008年北京奥运会的赛场上,冼东妹抱着卫冕的决心开启新一轮征程。前三战她都以绝对优势取胜,决赛她将面对来自朝鲜的安金爱。安金爱比冼东妹年轻了近5岁,打法凶猛,冲击力十足。

8月10日,决赛正式打响。北京的天空电闪雷鸣,但场馆内观众"冼东妹加油"的呼喊声,几乎要掀翻顶棚,让雷鸣声都黯然失色。

双方的比拼异常激烈,谁也无法立

刻击败对手,最终两人打满5分钟,冼东妹险胜对手!**她成为中国柔道历史上首位在奥运会上实现卫冕的选手,也是中国奥林匹克史上第一位"妈妈级"冠军。**比赛结束后,冼东妹在赛场上笑着向观众致意。腿上带着钢钉,经历复出、减重、从头再来的艰苦历程,冼东妹终于得到了回报。

　　创造历史的冼东妹眼含热泪目送五星红旗升起,现场观众起立为她送上掌声。

勇敢无畏的中国柔道

柔道在中国起步较晚，对于奥运会中国体育代表团来说，它绝非优势项目。但无数运动员的坚守，倾其所有的奉献，让中国柔道走上了一条从无到有、从弱到强的辉煌之路。

他们屡创奇迹，在奥运赛场上缔造了无数让人热血澎湃的动人瞬间。

1992年巴塞罗那奥运会，庄晓岩面对有着"黑铁塔"之称的古巴名将埃斯特拉·罗德里格斯，无惧巨大的体形劣势，拿到女子柔道72公斤以上级金牌，实现中国柔道奥运金牌"零的突破"。

1996年亚特兰大奥运会,孙福明再战罗德里格斯,她同样无惧体形劣势奋力拼搏,帮助中国柔道队蝉联女子72公斤以上级冠军,拿下中国体育代表团亚特兰大奥运会首金。

2000年悉尼奥运会,唐琳面对法国名将塞琳·勒布伦,在绝境之中奋勇反击,在比赛还剩28秒时追平比分,最终险胜对

手，拿下中国柔道女子78公斤级金牌。

同样是在2000年悉尼奥运会，袁华作为女子78公斤以上级的绝对王者，毫无悬念地摘金，中国柔道首次实现单届奥运会拿到2枚金牌的壮举。

2003年的一次重伤，让柔道场上的不败王者佟文无缘2004年雅典奥运会。2008年北京奥运会，她在比赛还剩18秒时仍然落后日本选手冢田真希，遗憾即将来临，但佟文用一记漂亮的背负投，让遗憾散去，让奇迹降临。奥林匹克史上的又一次奇迹，由中国柔道缔造。

2008年北京奥运会，杨秀丽开局就被撞伤眼睛，但她带伤坚持战斗，通过鏖战险胜对手，拿下女子柔道78公斤级的冠军。

回首奥运会征程,中国柔道队8金3银11铜的成绩甚是耀眼。孤独的先行者和开拓者们,把一条满是荆棘的逐梦之路,走成了辉煌的康庄大道。

这条道路并非一帆风顺,但所有中国柔道运动员毫不畏惧、永不言弃,他们用摔不怕、打不倒的精神,在奥运赛场上捍卫了中国荣耀。

看，网球场上，李婷/孙甜甜用呼啸如疾风的回球，实现历史性突破；看，自行车赛道上，钟天使/宫金杰用闪电般的飞驰，终圆奥运金牌梦；看，水面之上，孟关良/杨文军劈波斩浪，徐莉佳、殷剑披荆斩棘；看，球场之上，"铿锵玫瑰"永不言弃，女篮姑娘奋勇向前……看，奥运赛场上的每一个中国奇迹，定格了每一个中国时刻。

第五章

梦想开拓者
——中国时刻

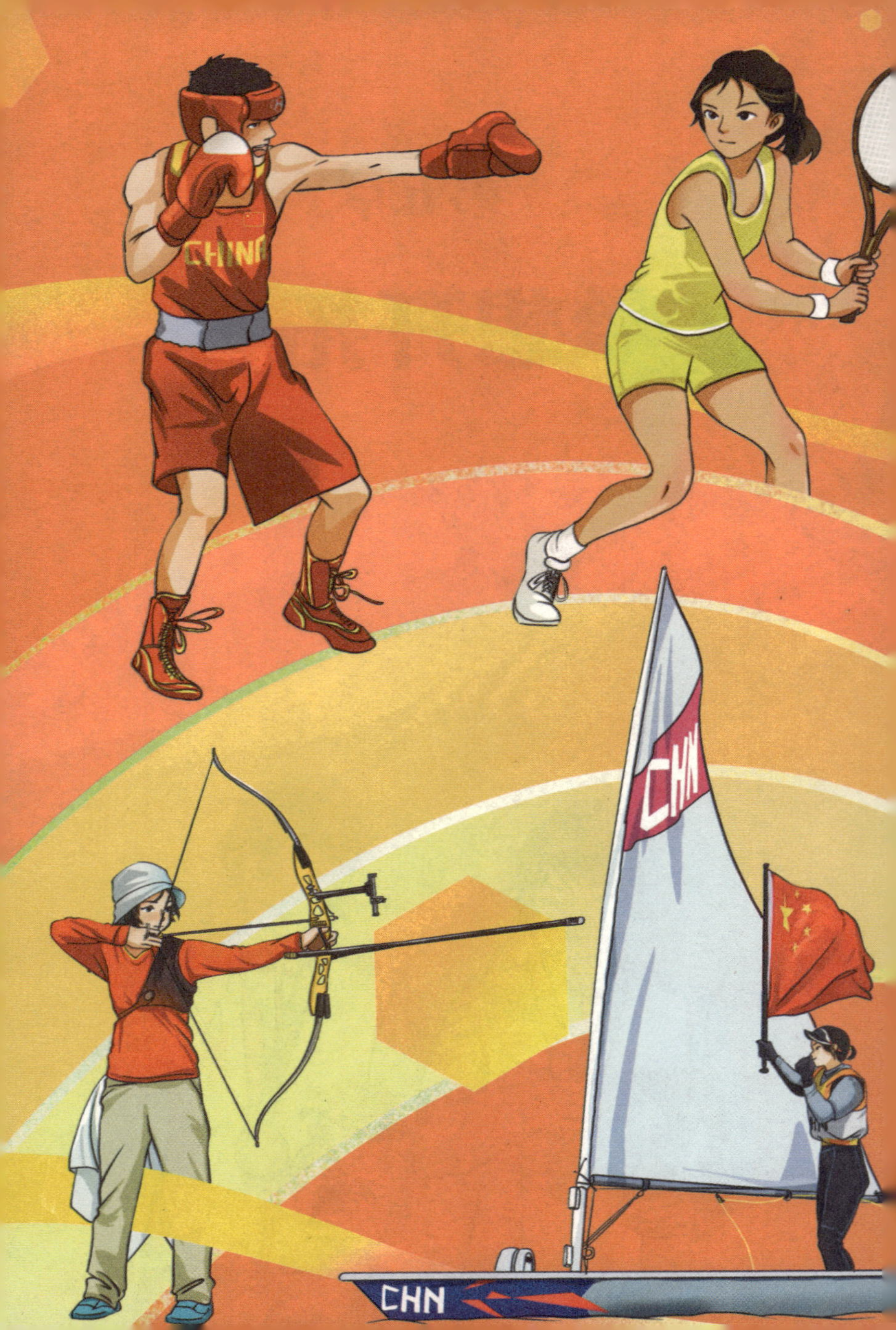
CHINA
CHN
CHN

MENG GUANLIANG　YANG WENJUN

雅典见证
中国网球奇迹

2004年雅典奥运会,中国网球创造了奇迹。李婷/孙甜甜以黑马姿态一路高歌猛进,最终拿下女双金牌。在这项欧美选手长期闪耀赛场的运动中,中国网球实现了奥运金牌"零的突破"。

李婷/孙甜甜作为赛会八号种子,晋级之路异常艰辛。前四轮比赛,她们两度经历三盘恶战,体能消耗巨大。反观她们在决赛中的对手——西班牙组合比希尼娅·帕斯奎尔/康奇塔·马丁内兹,则是以四个2比0强势晋级。

但在不被看好的情况下,中国组合

打出了自己的特点，李婷利用身高优势在网前不断施压，孙甜甜则是用刁钻的回球让对手应接不暇。**最终中国组合以两个6比3战胜对手，帮助中国网球实现了奥运金牌梦。**

赛后两人高举五星红旗绕场一周，她们的脸上洋溢着自信、灿烂的笑容。颁奖仪式上，两个姑娘落落大方，微笑着展示金牌。她们携手在希腊神话的诞生之地创造了中国网球的神话。

李娜领衔"金花时代"

2008年北京奥运会,李娜拿到女子单打第四名,创造了中国选手在该项目中的奥运会最好成绩。作为中国网球的领军人物,李娜以破冰者的姿态,不断在各类大赛中创造辉煌的战绩,改写了无数中国网球乃至亚洲网球的历史。

2011年法国网球公开赛,她拿到女子单打冠军,成为亚洲首位拿到"大满贯"赛事女单冠军的运动员。 2014年澳大利亚网球公开赛,她第二次在"大满贯"赛事中拿到冠军。此外,她还在2019年入选国际网球名人堂,成为亚洲首位获此殊荣的运动员。

　　以李娜为代表的"网球金花",在极其艰苦的条件下勇于开拓、不断突破,最终实现了中国网球的全面开花。郑洁/晏紫两度问鼎"大满贯"赛事女双项目。2024年,00后小将郑钦文闯入澳大利亚网球公开赛决赛,成为继李娜之后又一位进入"大满贯"赛事单打决赛的中国运动员。从不断突破的"金花时代",到遍地开花的又一个"黄金时代",中国网球谱写了一曲动人、激昂的逐梦乐章。

注:网球"大满贯"赛事指澳大利亚网球公开赛、法国网球公开赛、温布尔登网球锦标赛、美国网球公开赛。

中国拳击
闪耀北京奥运

2008年北京奥运会，邹市明在男子拳击48公斤级的比赛中，帮助中国拳击实现了奥运金牌"零的突破"。4年前在雅典奥运会，邹市明遗憾摘铜。2008年8月24日，邹市明特地选择一身红色战袍出场，他的对手是来自蒙古国的普列布道尔吉·塞尔丹巴，后者曾在亚锦赛中击败过邹市明。

比赛开始之后，中国"拳王"打得积极

主动，率先拿到1分。随后意外情况发生，第二回合，塞尔丹巴因为肩膀伤势退出比赛，邹市明夺冠了！

他激动地绕场一周，全场观众高唱《歌唱祖国》，共同庆祝中国拳击的突破时刻。站上最高领奖台的邹市明，泪水奔涌而出。赛后他骄傲地说："我终于用拳头在奥运赛场上展示了我们中国人的力量。"

邹市明夺冠后，男子拳击81公斤级的决赛打响，张小平击败爱尔兰名将肯尼·伊根拿到冠军，铁汉也有柔情时刻，圆梦后的张小平深情亲吻"金镶玉"。

中国拳击双喜临门，单届奥运会收获两枚金牌，中国力量闪耀在北京奥运会赛场。

卫冕!
"海盗侠客"邹市明

2012年伦敦奥运会,邹市明走上了卫冕征程。在男子拳击49公斤级的比赛中,他的每一场胜利都来之不易。半决赛面对爱尔兰选手帕迪·巴恩斯,邹市明力拼三个回合与对手战成15比15,通过计算小分才涉险过关。决赛面对泰国选手卡奥·庞普里亚杨,邹市明每个回合都仅赢1分,最终以13比10的比分惊险取胜。**卫冕成功的邹市明身披五星红旗,在场上怒吼庆祝,三度征战奥运会拿到2金1铜,他成为中国拳击首位蝉联奥运冠军的运动员。**

2012年伦敦奥运会后,邹市明投入职

业拳击的事业之中，并在接近32岁的年纪，迎来了作为职业拳击手的首场胜利。以邹市明为代表的中国拳击追梦人，帮助中国拳击在奥运舞台上不断突破。从2004年仅仅收获1枚铜牌，到如今共收获3金5银6铜总计14枚奥运奖牌，中国拳击一步步奋力前行，攀登高峰，中国力量也在奥运舞台上闪烁出愈发耀眼的光芒。

"零的突破"！
张娟娟"射落"奇迹

韩国射箭队是不折不扣的"梦之队"，自1984年洛杉矶奥运会起，连续6届奥运会，她们没有让任何女子射箭项目的金牌旁落。但在2008年北京奥运会上，中国选手张娟娟改变了这一局面。

在2008年北京奥运会射箭女子团体项目的角逐中，中国队再次负于韩国队。但张娟娟没有被沮丧的情绪影响，她在射箭女子个人的比赛中开始了自己的奇迹之旅。

前三轮比赛，她都轻松过关。但从八强战起，她就要面对韩国"梦之队"

了。1/4决赛,张娟娟以106比101战胜韩国名将朱贤贞,昂首挺进四强。

半决赛,她将迎战同样是韩国"梦之队"猛将的尹玉姬。此前,张娟娟曾在领先的大好形势下被尹玉姬翻盘。奥运赛场上,张娟娟稳住了心态,在取得领先之后一直保持优势,最终以115比109取胜。

8月15日,张娟娟站上了决赛的赛场,她的对手是来自韩国的朴成贤。朴成贤是2004年雅典奥运会该项目的冠军,同时也是奥运会纪录保持者。

决赛的进程可谓惊心动魄,张娟娟第一箭射出10环,但第二箭仅射出7环。此后,她便陷入无尽的追赶之中,直至前8箭结束,她才追平比分。

胜负悬念,将通过最后4箭的比拼揭晓。

愈战愈勇的张娟娟此时彻底卸下了包袱,连续射出两个10环。而朴成贤的心态则出现波动,第11箭她仅射出8环。张娟娟带着2环的优势进入最后一箭的决战。

张娟娟屏气凝神，张手拉弓，这支箭穿过了零星的雨点，射在9环的圈内。**中国射箭奥运史上"逢韩不胜"的历史就此终结！张娟娟以110比109险胜朴成贤，实现中国射箭奥运金牌"零的突破"！**

1984年中国射箭首战奥运会，李玲娟遗憾摘银。2004年雅典奥运会女子团体决赛，朴成贤最后一箭射出10环，帮助韩国队以1环的优势险胜中国队，中国射箭再度饮恨奥运赛场。

2008年北京奥运会前，中国射箭队在奥运赛场四度摘银，却始终无缘金牌。张娟娟奇迹一战创造历史，写就了中国射箭的全新篇章。

自行车赛场见证"中国速度"

在奥运会的自行车赛场上，中国队一直苦寻金牌而不得。2016年里约奥运会前，中国体育代表团在奥运会自行车项目中取得了3银3铜的成绩。

戴着"中国风"脸谱图案的头盔，钟天使/宫金杰改变了历史。2016年里约奥运会，在场地自行车女子团体竞速赛的角逐中，两人可谓势如破竹。

资格赛中，钟天使/宫金杰取得了32秒305的成绩，打破了该项目的奥运会纪录。在争夺决赛席位的比拼中，钟天使/宫金杰的成绩更是达到了惊人的31秒

928，打破该项目的世界纪录。随后，两人以32秒107的成绩毫无悬念地夺冠。

决赛中，两位姑娘头盔上的脸谱分别是花木兰和穆桂英的形象，巾帼英雄彰显中国速度。经历几代人的不懈努力，中国自行车历史上的首枚奥运金牌终于到来。奥运会自行车赛场，第一次奏响《义勇军进行曲》。

2016年里约奥运会后，钟天使一度陷入低谷，她在挣扎中选择重新出发。2020东京奥运会，她与搭档鲍珊菊再度开启

"冲金"征程。这一次两人头盔上的图案是火凤凰，鲜艳的火凤凰在东京奥运会的赛场浴火腾飞。

两人从资格赛起就展现出不俗的实力，她们凭借32秒135的成绩在8组选手中排名第二。随后的决赛资格争夺战，两人更是骑出了31秒804的成绩，创造该项目新的世界纪录。最终的决赛，两人以31秒895的成绩夺冠，中国自行车队蝉联了奥运会场地自行车女子团体竞速赛的冠军。

除了年轻一代的努力，中国自行车也离不开姜翠华、江永华等众多名宿的领路。2000年悉尼奥运会，姜翠华在场地自行车女子500米计时赛中摘得铜牌，为中国自行车摘得首枚奥运奖牌；江永华在

2004年雅典奥运会中更进一步，取得该项目的银牌……经历了漫长曲折的奋斗历程，中国自行车队在6届奥运会中共收获2金3银3铜，写就了全新的华丽篇章。

"中国风"带来"零的突破"，"火凤凰"见证璀璨征途。

0.072秒
惊险夺金创历史

0.072秒，甚至都不够眨一次眼的时间，孟关良/杨文军正是凭借这样的优势，惊险击败对手，实现中国水上项目奥运金牌"零的突破"。

当地时间8月28日，2004年雅典奥运会男子双人500米划艇决赛打响。预赛排名第一的中国组合孟关良/杨文军开局表现不佳，他们在出发后处于落后的位置。

两人奋起直追，不断缩小与对手的差

距，逐渐占据了第一梯队的位置。冲刺阶段，处在领先位置的三组选手齐头并进，几乎同时到达终点。**最终，孟关良/杨文军以1分40秒278的成绩摘金，而这个成绩仅领先第二名0.072秒。**得知这个好消息的杨文军激动地流下眼泪，这是中国皮划艇项目的首枚奥运金牌，更是中国水上项目的首枚奥运金牌。

2008年北京奥运会，孟关良/杨文军蝉联了这个项目的冠军。2020东京奥运会，徐诗晓/孙梦雅拿到女子双人500米划艇冠军。

迄今为止，中国皮划艇在奥运会中斩获了3金2银的佳绩，而这一切都始于2004年雅典奥运会上那场惊心动魄的胜利。

历史性突破！
中国赛艇逆转摘金

2008年北京奥运会，中国赛艇实现了历史性突破。由唐宾/金紫薇/奚爱华/张杨杨组成的中国队，在女子四人双桨的比赛中逆转摘金，实现了中国赛艇奥运金牌"零的突破"。

比赛开始后，实力强大的英国队一马当先，但是四位中国姑娘不急不躁，保持着自己的节奏，稳稳位居前列。

最后250米成为比赛的转折点，四位中国姑娘突然发力，瞬间提升划桨频率，不断缩小与英国队的差距。

最终，中国队以6分16秒06的成绩率先

冲过终点，夺金后的四名中国姑娘相拥而泣。更令人动容的是，她们在接受采访时说："我们就是要证明我们中国人也可以。" 中国赛艇经历几十年的奋斗，终于实现奥运金牌"零的突破"。

往后的奥运征程，中国赛艇再接再厉，不断创造佳绩。如今，中国赛艇已经在奥运赛场收获2金4银6铜的好成绩。

扬帆起航
终圆金牌梦

2008年北京奥运会的帆船赛场上,徐莉佳在女子单人艇激光雷迪尔级的比赛中,拿到一枚铜牌。

4年之后,徐莉佳带着金牌梦再次扬帆起航。2012年伦敦奥运会,在女子单人艇激光雷迪尔级的比赛中,徐莉佳从第4轮比赛开始发力,单轮成绩自此再没跌出过前5,最终她凭借35分的净得分夺冠。**徐莉佳终于实现了自己**

的奥运金牌梦，也实现了中国帆船乃至亚洲帆船奥运金牌"零的突破"。

一只耳朵听力有障碍，一只眼睛有些弱视，15岁曾生过一场大病，距2012年奥运会仅剩半年时手掌骨折……面对如此多的不利条件，徐莉佳坚定地逆风飞翔，在这个亚洲人不具备优势的项目中，倔强地"撕开了一条口子"。

两次征战奥运会，徐莉佳斩获1金1铜。她留给中国帆船的不仅有耀眼的成绩，更有极其宝贵的精神财富。正因如此，她获得了一项殊荣——2012年伦敦奥运会闭幕式，她成为奥运会中国体育代表团的旗手，挥舞着五星红旗，书写了职业生涯又一个耀眼的篇章。

挥舞国旗
庆祝圆梦时刻

2004年雅典奥运会，殷剑在女子帆板米斯特拉级的比赛中摘得银牌。

2008年8月20日，北京奥运会的赛场，殷剑迎来突破时刻。她在女子帆板RS:X级的最后一轮比赛中，第三个通过终点，最终凭借39分的总分、1分的优势险胜夺金，中国历史上首枚帆船帆板项目的奥运金牌诞生了。

帆船帆板运动在中国起步较晚，普及程度有限，各方面还有待完善，但面对种种不利因素，殷剑仍然实现了突破。

夺冠之后，殷剑举起国旗兴奋庆祝，但

海上的大风将国旗吹入了水中，殷剑跳入大海捡回国旗，回到自己的帆船上，她展开国旗继续自己的庆祝。在蓝天、白云、五星红旗的映衬之下，殷剑的笑容显得更加灿烂。

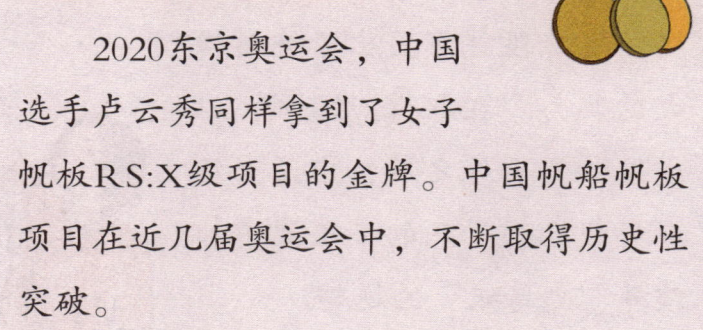

2020东京奥运会，中国选手卢云秀同样拿到了女子帆板RS:X级项目的金牌。中国帆船帆板项目在近几届奥运会中，不断取得历史性突破。

"铿锵玫瑰"
绝境怒放

  1996年亚特兰大奥运会，中国女足踏上了让人心潮澎湃的征程，创造了中国足球的历史。彼时正处巅峰的中国女足，从小组赛阶段就彰显出了绝对强大的实力。在取得2胜1平、以小组第一出线之后，中国女足在对战巴西女足的半决赛中，演绎"史诗级"的逆转。

  比赛还剩不到10分钟，以1比2落后的中国女足在绝境之中爆发出惊人的能量。韦海英两次把握住门前的机会，先是在第83分

钟帮助中国女足扳平比分，随后又在第90分钟无惧对手多人封堵完成制胜破门，最终中国女足以3比2逆转巴西女足闯入决赛。 尽管她们在决赛中惜败美国女足，但银牌仍然是中国足球迄今为止创造的最好成绩。

1999年女足世界杯，中国女足又一次闯入决赛，最终再次收获亚军。

"铿锵玫瑰"在巅峰时的怒放是如此绚烂，那是中国足球历史上的"黄金时代"。女足姑娘们缔造了中国足球最为高光的时刻，留下了让后人仰望的辉煌战绩。

中国女篮全力以赴

1984年，中国女篮首次征战奥运会就收获一枚铜牌。1992年，伴随着以郑海霞为代表的"黄金一代"的崛起，中国女篮在巴塞罗那奥运会上带来惊喜。

小组赛中，她们面对西班牙队和捷克斯洛伐克队这两支欧洲劲旅，均在激战之中惊险取胜。半决赛，中国队以39分的分差大胜古巴队。虽然决赛中中国女篮憾负独联体女篮，但是亚军已经是中国女篮迄今为止在奥运会赛场的最好成绩。

1994年世锦赛，中国女篮再次闯入决赛收获亚军。连续两届世界大赛拿到亚军的好成绩，让中国女篮跻身世界强队的行列。如今，中国女篮又迎来了以韩旭、李月汝为代表的"黄金一代"，她们在2022年女篮世界杯的比赛中拿到亚军。2020东京奥运会，三人篮球首次成为奥运会正式比赛项目，万济圆、杨舒予、王丽丽和张芷婷组成的中国女子三人篮球队最终收获了一枚宝贵的铜牌。在这个新兴项目中，中国女子三人篮球队迅速跻身世界顶级强队行列。

致敬
奥运会英雄谱

中国体育的发展与壮大,不仅体现在傲人的奖牌数量,更体现在中国体育健儿完成突破,在无数曾经的弱势项目中书写奇迹的篇章。谨以英雄谱的方式,记录每一位曾经站上过奥运领奖台的中国健儿,致敬每一个倾尽全力、勇毅前行的中国体育追梦人。

注:乒乓球、跳水等未出现在以下英雄谱中的项目详见《中国骄傲》系列图书其他册。

运动员姓名	比赛时间&地点	大项	具体项目	成绩
曾国强	1984年洛杉矶奥运会	举重	男子52公斤级	金牌
吴数德	1984年洛杉矶奥运会	举重	男子56公斤级	金牌
陈伟强	1984年洛杉矶奥运会	举重	男子60公斤级	金牌
姚景远	1984年洛杉矶奥运会	举重	男子67.5公斤级	金牌
周培顺	1984年洛杉矶奥运会	举重	男子52公斤级	银牌
赖润明	1984年洛杉矶奥运会	举重	男子56公斤级	银牌
何英强	1988年汉城奥运会	举重	男子56公斤级	银牌
何灼强	1988年汉城奥运会	举重	男子52公斤级	铜牌
刘寿斌	1988年汉城奥运会	举重	男子56公斤级	铜牌
叶焕明	1988年汉城奥运会	举重	男子60公斤级	铜牌
李金河	1988年汉城奥运会	举重	男子67.5公斤级	铜牌

运动员姓名	比赛时间＆地点	大项	具体项目	成绩
林启升	1992年巴塞罗那奥运会	举重	男子52公斤级	银牌
刘寿斌	1992年巴塞罗那奥运会	举重	男子56公斤级	银牌
罗建明	1992年巴塞罗那奥运会	举重	男子56公斤级	铜牌
何英强	1992年巴塞罗那奥运会	举重	男子60公斤级	铜牌
唐灵生	1996年亚特兰大奥运会	举重	男子59公斤级	金牌
占旭刚	1996年亚特兰大奥运会	举重	男子70公斤级	金牌
张祥森	1996年亚特兰大奥运会	举重	男子54公斤级	银牌
肖建刚	1996年亚特兰大奥运会	举重	男子64公斤级	铜牌
占旭刚	2000年悉尼奥运会	举重	男子77公斤级	金牌
杨霞	2000年悉尼奥运会	举重	女子53公斤级	金牌
陈晓敏	2000年悉尼奥运会	举重	女子63公斤级	金牌
林伟宁	2000年悉尼奥运会	举重	女子69公斤级	金牌
丁美媛	2000年悉尼奥运会	举重	女子75公斤以上级	金牌
吴文雄	2000年悉尼奥运会	举重	男子56公斤级	银牌
张湘祥	2000年悉尼奥运会	举重	男子56公斤级	铜牌
石智勇	2004年雅典奥运会	举重	男子62公斤级	金牌
张国政	2004年雅典奥运会	举重	男子69公斤级	金牌
陈艳青	2004年雅典奥运会	举重	女子58公斤级	金牌
刘春红	2004年雅典奥运会	举重	女子69公斤级	金牌
唐功红	2004年雅典奥运会	举重	女子75公斤以上级	金牌
吴美锦	2004年雅典奥运会	举重	男子56公斤级	银牌
乐茂盛	2004年雅典奥运会	举重	男子62公斤级	银牌
李卓	2004年雅典奥运会	举重	女子48公斤级	银牌
龙清泉	2008年北京奥运会	举重	男子56公斤级	金牌

运动员姓名	比赛时间&地点	大项	具体项目	成绩
张湘祥	2008年北京奥运会	举重	男子62公斤级	金牌
廖辉	2008年北京奥运会	举重	男子69公斤级	金牌
陆永	2008年北京奥运会	举重	男子85公斤级	金牌
陈艳青	2008年北京奥运会	举重	女子58公斤级	金牌
李宏利	2008年北京奥运会	举重	男子77公斤级	银牌
林清峰	2012年伦敦奥运会	举重	男子69公斤级	金牌
吕小军	2012年伦敦奥运会	举重	男子77公斤级	金牌
王明娟	2012年伦敦奥运会	举重	女子48公斤级	金牌
李雪英	2012年伦敦奥运会	举重	女子58公斤级	金牌
周璐璐	2012年伦敦奥运会	举重	女子75公斤以上级	金牌
吴景彪	2012年伦敦奥运会	举重	男子56公斤级	银牌
陆浩杰	2012年伦敦奥运会	举重	男子77公斤级	银牌
龙清泉	2016年里约奥运会	举重	男子56公斤级	金牌
石智勇	2016年里约奥运会	举重	男子69公斤级	金牌
邓薇	2016年里约奥运会	举重	女子63公斤级	金牌
向艳梅	2016年里约奥运会	举重	女子69公斤级	金牌
孟苏平	2016年里约奥运会	举重	女子75公斤以上级	金牌
吕小军	2016年里约奥运会	举重	男子77公斤级	银牌
田涛	2016年里约奥运会	举重	男子85公斤级	银牌
李发彬	2020东京奥运会	举重	男子61公斤级	金牌
谌利军	2020东京奥运会	举重	男子67公斤级	金牌
石智勇	2020东京奥运会	举重	男子73公斤级	金牌
吕小军	2020东京奥运会	举重	男子81公斤级	金牌

运动员姓名	比赛时间 & 地点	大项	具体项目	成绩
侯志慧	2020 东京奥运会	举重	女子 49 公斤级	金牌
汪周雨	2020 东京奥运会	举重	女子 87 公斤级	金牌
李雯雯	2020 东京奥运会	举重	女子 87 公斤以上级	金牌
廖秋云	2020 东京奥运会	举重	女子 55 公斤级	银牌
栾菊杰	1984 年洛杉矶奥运会	击剑	女子花剑个人	金牌
王会凤	1992 年巴塞罗那奥运会	击剑	女子花剑个人	银牌
王海滨/叶冲/董兆致	2000 年悉尼奥运会	击剑	男子花剑团体	银牌
杨劭琦/梁琴/李娜	2000 年悉尼奥运会	击剑	女子重剑团体	铜牌
王磊	2004 年雅典奥运会	击剑	男子重剑个人	银牌
王海滨/叶冲/董兆致/吴汉雄	2004 年雅典奥运会	击剑	男子花剑团体	银牌
谭雪	2004 年雅典奥运会	击剑	女子佩剑个人	银牌
仲满	2008 年北京奥运会	击剑	男子佩剑个人	金牌
黄海燕/谭雪/倪红/包盈盈	2008 年北京奥运会	击剑	女子佩剑团体	银牌
雷声	2012 年伦敦奥运会	击剑	男子花剑个人	金牌
李娜/孙玉洁/许安琪/骆晓娟	2012 年伦敦奥运会	击剑	女子重剑团体	金牌
孙玉洁	2012 年伦敦奥运会	击剑	女子重剑个人	铜牌
许安琪/孙玉洁/孙一文/郝佳露	2016 年里约奥运会	击剑	女子重剑团体	银牌
孙一文	2016 年里约奥运会	击剑	女子重剑个人	铜牌
孙一文	2020 东京奥运会	击剑	女子重剑个人	金牌

运动员姓名	比赛时间&地点	大项	具体项目	成绩
陈中	2000年悉尼奥运会	跆拳道	女子67公斤以上级	金牌
罗微	2004年雅典奥运会	跆拳道	女子67公斤级	金牌
陈中	2004年雅典奥运会	跆拳道	女子67公斤以上级	金牌
吴静钰	2008年北京奥运会	跆拳道	女子49公斤级	金牌
朱国	2008年北京奥运会	跆拳道	男子80公斤级	铜牌
吴静钰	2012年伦敦奥运会	跆拳道	女子49公斤级	金牌
侯玉琢	2012年伦敦奥运会	跆拳道	女子57公斤级	银牌
刘哮波	2012年伦敦奥运会	跆拳道	男子80公斤以上级	铜牌
赵帅	2016年里约奥运会	跆拳道	男子58公斤级	金牌
郑姝音	2016年里约奥运会	跆拳道	女子67公斤以上级	金牌
赵帅	2020东京奥运会	跆拳道	男子68公斤级	铜牌
庄晓岩	1992年巴塞罗那奥运会	柔道	女子72公斤以上级	金牌
李忠云	1992年巴塞罗那奥运会	柔道	女子52公斤级	铜牌
张迪	1992年巴塞罗那奥运会	柔道	女子61公斤级	铜牌
孙福明	1996年亚特兰大奥运会	柔道	女子72公斤以上级	金牌
王显波	1996年亚特兰大奥运会	柔道	女子66公斤级	铜牌
唐琳	2000年悉尼奥运会	柔道	女子78公斤级	金牌
袁华	2000年悉尼奥运会	柔道	女子78公斤以上级	金牌
李淑芳	2000年悉尼奥运会	柔道	女子63公斤级	银牌
刘玉香	2000年悉尼奥运会	柔道	女子52公斤级	铜牌
冼东妹	2004年雅典奥运会	柔道	女子52公斤级	金牌
刘霞	2004年雅典奥运会	柔道	女子78公斤级	银牌
高峰	2004年雅典奥运会	柔道	女子48公斤级	铜牌
秦东亚	2004年雅典奥运会	柔道	女子70公斤级	铜牌

运动员姓名	比赛时间 & 地点	大项	具体项目	成绩
孙福明	2004 年雅典奥运会	柔道	女子 78 公斤以上级	铜牌
冼东妹	2008 年北京奥运会	柔道	女子 52 公斤级	金牌
杨秀丽	2008 年北京奥运会	柔道	女子 78 公斤级	金牌
佟文	2008 年北京奥运会	柔道	女子 78 公斤以上级	金牌
许岩	2008 年北京奥运会	柔道	女子 57 公斤级	铜牌
徐丽丽	2012 年伦敦奥运会	柔道	女子 63 公斤级	银牌
佟文	2012 年伦敦奥运会	柔道	女子 78 公斤以上级	铜牌
程训钊	2016 年里约奥运会	柔道	男子 90 公斤级	铜牌
于颂	2016 年里约奥运会	柔道	女子 78 公斤以上级	铜牌
盛泽田	1992 年巴塞罗那奥运会	摔跤	男子古典式 57 公斤级	铜牌
盛泽田	1996 年亚特兰大奥运会	摔跤	男子古典式 57 公斤级	铜牌
盛泽田	2000 年悉尼奥运会	摔跤	男子古典式 58 公斤级	铜牌
王旭	2004 年雅典奥运会	摔跤	女子自由式 72 公斤级	金牌
王娇	2008 年北京奥运会	摔跤	女子自由式 72 公斤级	金牌
许莉	2008 年北京奥运会	摔跤	女子自由式 55 公斤级	银牌
常永祥	2008 年北京奥运会	摔跤	男子古典式 74 公斤级	银牌
盛江	2008 年北京奥运会	摔跤	男子古典式 60 公斤级	铜牌
景瑞雪	2012 年伦敦奥运会	摔跤	女子自由式 63 公斤级	银牌
孙亚楠	2016 年里约奥运会	摔跤	女子自由式 48 公斤级	铜牌
张凤柳	2016 年里约奥运会	摔跤	女子自由式 75 公斤级	铜牌
孙亚楠	2020 东京奥运会	摔跤	女子自由式 50 公斤级	银牌
庞倩玉	2020 东京奥运会	摔跤	女子自由式 53 公斤级	银牌
周倩	2020 东京奥运会	摔跤	女子自由式 76 公斤级	铜牌
瓦里汗·赛里克	2020 东京奥运会	摔跤	男子古典式 60 公斤级	铜牌

运动员姓名	比赛时间&地点	大项	具体项目	成绩
尹笑言	2020东京奥运会	空手道	女子61公斤级	银牌
龚莉	2020东京奥运会	空手道	女子61公斤以上级	铜牌
邹市明	2004年雅典奥运会	拳击	男子48公斤级	铜牌
邹市明	2008年北京奥运会	拳击	男子48公斤级	金牌
张小平	2008年北京奥运会	拳击	男子81公斤级	金牌
张志磊	2008年北京奥运会	拳击	男子91公斤以上级	银牌
哈那提·斯拉木	2008年北京奥运会	拳击	男子69公斤级	铜牌
邹市明	2012年伦敦奥运会	拳击	男子49公斤级	金牌
任灿灿	2012年伦敦奥运会	拳击	女子51公斤级	银牌
李金子	2012年伦敦奥运会	拳击	女子75公斤级	铜牌
尹军花	2016年里约奥运会	拳击	女子60公斤级	银牌
胡建关	2016年里约奥运会	拳击	男子52公斤级	铜牌
任灿灿	2016年里约奥运会	拳击	女子51公斤级	铜牌
李倩	2016年里约奥运会	拳击	女子75公斤级	铜牌
谷红	2020东京奥运会	拳击	女子69公斤级	银牌
李倩	2020东京奥运会	拳击	女子75公斤级	银牌
李玲娟	1984年洛杉矶奥运会	射箭	女子个人	银牌
王晓竹/马湘君/王红	1992年巴塞罗那奥运会	射箭	女子团体	银牌
何影	1996年亚特兰大奥运会	射箭	女子个人	银牌
何影/林桑/张娟娟	2004年雅典奥运会	射箭	女子团体	银牌
张娟娟	2008年北京奥运会	射箭	女子个人	金牌

运动员姓名	比赛时间 & 地点	大项	具体项目	成绩
张娟娟 / 陈玲 / 郭丹	2008 年北京奥运会	射箭	女子团体	银牌
李文全 / 姜林 / 薛海峰	2008 年北京奥运会	射箭	男子团体	铜牌
方玉婷 / 徐晶 / 程明	2012 年伦敦奥运会	射箭	女子团体	银牌
戴小祥	2012 年伦敦奥运会	射箭	男子个人	铜牌
孟关良 / 杨文军	2004 年雅典奥运会	皮划艇	男子双人 500 米划艇	金牌
孟关良 / 杨文军	2008 年北京奥运会	皮划艇	男子双人 500 米划艇	金牌
徐诗晓 / 孙梦雅	2020 东京奥运会	皮划艇	女子双人 500 米划艇	金牌
刘浩	2020 东京奥运会	皮划艇	男子单人 1000 米划艇	银牌
郑鹏飞 / 刘浩	2020 东京奥运会	皮划艇	男子双人 1000 米划艇	银牌
张香花 / 胡亚东 / 杨晓 / 周守英 / 李荣华（舵手）	1988 年汉城奥运会	赛艇	女子四人单桨有舵手	银牌
韩亚琴 / 何燕雯 / 张亚黎 / 周秀华 / 张香花 / 胡亚东 / 杨晓 / 周守英 / 李荣华（舵手）	1988 年汉城奥运会	赛艇	女子八人单桨有舵手	铜牌
顾晓黎 / 路华利	1992 年巴塞罗那奥运会	赛艇	女子双人双桨	铜牌
曹棉英 / 张秀云	1996 年亚特兰大奥运会	赛艇	女子双人双桨	银牌
唐宾 / 金紫薇 / 奚爱华 / 张杨杨	2008 年北京奥运会	赛艇	女子四人双桨	金牌
吴优 / 高玉兰	2008 年北京奥运会	赛艇	女子双人单桨	银牌
徐东香 / 黄文仪	2012 年伦敦奥运会	赛艇	女子轻量级双人双桨	银牌
段静莉	2016 年里约奥运会	赛艇	女子单人双桨	铜牌

运动员姓名	比赛时间 & 地点	大项	具体项目	成绩
黄文仪 / 潘飞鸿	2016 年里约奥运会	赛艇	女子轻量级双人双桨	铜牌
陈云霞 / 张灵 / 吕扬 / 崔晓桐	2020 东京奥运会	赛艇	女子四人双桨	金牌
刘治宇 / 张亮	2020 东京奥运会	赛艇	男子双人双桨	铜牌
王子凤 / 王宇微 / 徐菲 / 苗甜 / 张敏 / 巨蕊 / 李晶晶 / 郭淋淋 / 张德常（舵手）	2020 东京奥运会	赛艇	女子八人单桨有舵手	铜牌
张小冬	1992 年巴塞罗那奥运会	帆船	女子帆板 A390 级	银牌
殷剑	2004 年雅典奥运会	帆船	女子帆板米斯特拉级	银牌
殷剑	2008 年北京奥运会	帆船	女子帆板 RS:X 级	金牌
徐莉佳	2008 年北京奥运会	帆船	女子单人艇激光雷迪尔级	铜牌
徐莉佳	2012 年伦敦奥运会	帆船	女子单人艇激光雷迪尔级	金牌
陈佩娜	2016 年里约奥运会	帆船	女子帆板 RS:X 级	银牌
卢云秀	2020 东京奥运会	帆船	女子帆板 RS:X 级	金牌
毕焜	2020 东京奥运会	帆船	男子帆板 RS:X 级	铜牌
姜翠华	2000 年悉尼奥运会	自行车	场地自行车女子 500 米计时赛	铜牌
江永华	2004 年雅典奥运会	自行车	场地自行车女子 500 米计时赛	银牌
郭爽	2008 年北京奥运会	自行车	场地自行车女子个人争先赛	铜牌
宫金杰 / 郭爽	2012 年伦敦奥运会	自行车	场地自行车女子团体竞速赛	银牌

运动员姓名	比赛时间＆地点	大项	具体项目	成绩
郭爽	2012年伦敦奥运会	自行车	场地自行车女子凯林赛	银牌
郭爽	2012年伦敦奥运会	自行车	场地自行车女子个人争先赛	铜牌
钟天使/宫金杰	2016年里约奥运会	自行车	场地自行车女子团体竞速赛	金牌
钟天使/鲍珊菊	2020东京奥运会	自行车	场地自行车女子团体竞速赛	金牌
冯珊珊	2016年里约奥运会	高尔夫	女子个人赛	铜牌
曹忠荣	2012年伦敦奥运会	现代五项	男子个人赛	银牌
李婷/孙甜甜	2004年雅典奥运会	网球	女子双打	金牌
郑洁/晏紫	2008年北京奥运会	网球	女子双打	铜牌
田佳/王洁	2008年北京奥运会	沙滩排球	女子沙滩排球	银牌
薛晨/张希	2008年北京奥运会	沙滩排球	女子沙滩排球	铜牌

为方便阅读，团体项目荣誉将按照下列形式呈现：

篮球

·**1984 年洛杉矶奥运会，中国女子篮球队获得铜牌：**

宋晓波 / 修丽娟 / 陈月芳 / 郑海霞 / 邱晨 / 李晓勤 / 张惠 / 丛学娣 / 张月琴 / 巴燕 / 王军 / 柳青

·**1992 年巴塞罗那奥运会，中国女子篮球队获得银牌：**

丛学娣 / 李昕 / 刘军 / 王芳 / 郑冬梅 / 何军 / 彭萍 / 郑海霞 / 郑秀琳 / 李冬梅 / 柳青 / 展淑萍

·**2020 东京奥运会，中国女子三人篮球队获得铜牌：**

王丽丽 / 杨舒予 / 万济圆 / 张芷婷

垒球

·**1996 年亚特兰大奥运会，中国女子垒球队获得银牌：**

安仲欣 / 陈红 / 何丽萍 / 雷霹 / 柳絮青 / 刘雅菊 / 马英 / 欧敬柏 / 陶桦 / 王丽红 / 王颖 / 魏嫱 / 徐健 / 阎芳 / 张春芳

手球

·**1984 年洛杉矶奥运会，中国女子手球队获得铜牌：**

高秀敏 / 何剑萍 / 刘莉萍 / 刘玉梅 / 孙秀兰 / 王琳炜 / 王明星 / 武邢江 / 张维红 / 张佩君 / 朱觉凤 / 陈珍 / 李兰 / 陈静 / 郭英泽

曲棍球

·**2008 年北京奥运会，中国女子曲棍球队获得银牌：**

陈朝霞 / 马弋博 / 程晖 / 付宝荣 / 李爽 / 唐春玲 / 周婉峰 / 高丽华 / 张益萌 / 黄俊霞 / 李红侠 / 任烨 / 陈秋琦 / 赵玉雕 / 宋清龄 / 潘凤贞 / 李爱莉 / 孙镇

足球

·**1996 年亚特兰大奥运会，中国女子足球队获得银牌：**

钟红莲 / 高红 / 谢慧琳 / 范运杰 / 水庆霞 / 王丽萍 / 赵利红 / 孙庆梅 / 施桂红 / 韦海英 / 陈玉凤 / 于红旗 / 刘英 / 刘爱玲 / 温莉蓉 / 孙雯

截至 2020 东京奥运会结束

奥运会小百科

夏季奥林匹克运动会简称夏奥会,是世界上规模最大的综合性运动会,每四年举办一届(2020东京奥运会因疫情原因延期至2021年举办)。在日常使用习惯中(包含本书)出现的"奥运会"一词泛指夏奥会,特殊语境和带有限定词的除外。1896年第1届奥运会由希腊雅典承办,截至2021年共有32届奥运会,其中第6届、第12届、第13届奥运会因战争没有实际举办,但为了体现奥林匹克运动希望世界和平的美好愿望,奥运会的届数是连续计算的。中国北京承办了2008年奥运会,2024年奥运会由法国巴黎承办。

☆奥运会项目介绍

在发展过程中,每届奥运会的项目都会进行一定的调整,下图以2024年巴黎奥运会为例展示奥运会项目:

游泳				
游泳	跳水	花样游泳	水球	马拉松游泳

篮球			皮划艇	
篮球	三人篮球	拳击	皮划艇激流回旋	皮划艇静水

自行车				
自由式小轮车	小轮车竞速	山地自行车	公路自行车	场地自行车

		体操		
柔道	竞技体操	艺术体操	蹦床	现代五项
射击	乒乓球	跆拳道	网球	铁人三项

摔跤				
古典式摔跤	自由式摔跤	击剑	曲棍球	霹雳舞

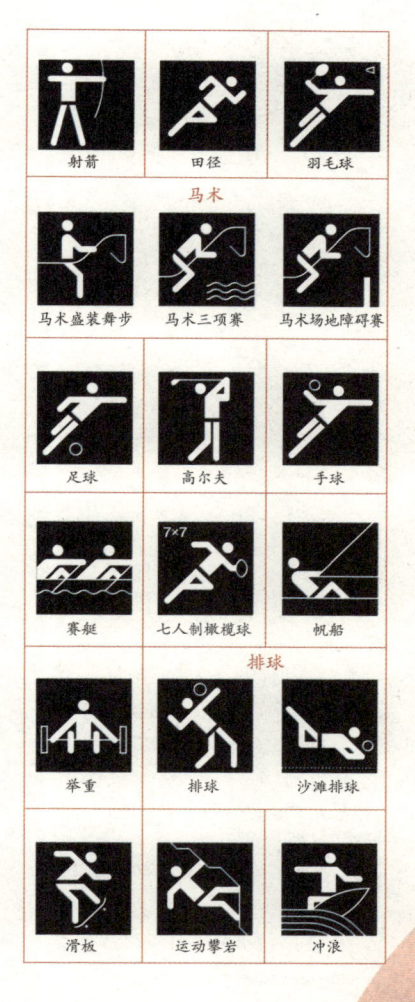

射箭	田径	羽毛球
马术		
马术盛装舞步	马术三项赛	马术场地障碍赛
足球	高尔夫	手球
赛艇	七人制橄榄球	帆船
排球		
举重	排球	沙滩排球
滑板	运动攀岩	冲浪

其中,霹雳舞、滑板、运动攀岩、冲浪是2024年巴黎奥运会新增设的比赛项目。有些项目设分项,如游泳大项设游泳、跳水、花样游泳、水球、马拉松游泳五个分项;体操大项设竞技体操、艺术体操、蹦床三个分项;篮球大项设篮球、三人篮球两个分项;排球大项设排球、沙滩排球两个分项……

本书所有数据统计截至2024年巴黎奥运会开赛前。

图书在版编目（CIP）数据

中国时刻 / 柳建伟主编 . -- 北京：北京时代华文书局, 2024.7.
ISBN 978-7-5699-5565-1

Ⅰ . K825.47

中国国家版本馆 CIP 数据核字第 2024UZ0589 号

Zhongguo Shike

出 版 人：	陈　涛
总 策 划：	董振伟　直笔体育
责任编辑：	马彰羚
执行编辑：	黄娴懿　孙沛源
特邀编辑：	李　天　王　婷
责任校对：	畅岩海
装帧设计：	程　慧　迟　稳　王艾迪
插画绘制：	杨　艺
责任印制：	訾　敬

出版发行：北京时代华文书局 http://www.bjsdsj.com.cn
　　　　　北京市东城区安定门外大街 138 号皇城国际大厦 A 座 8 层
　　　　　邮编：100011　电话：010-64263661　64261528

印　　刷：三河市嘉科万达彩色印刷有限公司

开　　本：	787 mm×1092 mm　1/32	成品尺寸：	130 mm×190 mm
印　　张：	4	字　　数：	38 千字
版　　次：	2024 年 7 月第 1 版	印　　次：	2024 年 7 月第 1 次印刷
定　　价：	29.80 元		

版权所有，侵权必究
本书如有印刷、装订等质量问题，本社负责调换，电话：010-64267955。